先秦諸子戀愛大師班

A Pre-Qin Thinkers' Masterclass on Romantic Love

白品鍵——著

三民書局

推薦序——打開戀愛的任督二脈

這是一本將專業融入生活的實用書。作者白品鍵執教大學多年，鑽研先秦與兩漢思想與文化，對諸子百家的學說有深刻的研究與體會。他除了將多年教學與研究成果寫成論文之外，也希望這些研究心得，不只在學術研討會或期刊裡發表或傳承給學生，更希望能將古人的哲學普及化，突破校園藩籬，分享給更多正在情感上徬徨著尋找方向的人。

白品鍵，人稱白博士，一直是我引以為傲的高足。他用推甄方式進入我當時任教的世新大學中文系、接著到中山大學拿到碩士學位、再到臺大取得博士學位，直到如今在大學殿堂教書，一路走來，兢兢業業，堪稱順遂。多年來，我們一直藉由臉書聯繫，維繫著親密的師生情誼，相互關懷，互相打氣。

在臉書上，他這樣介紹自己：「喜歡讀書與講故事，因此走上研究、教學與寫作的路。天天跑步，對文學、歷史、攝影、阿卡貝拉、漫畫與電影、各類運動都有興趣。」我認識的他確實就是個多才多藝，允文允武的傑出學者及作家。

他當學生時，就在創作上頗有心得，經常在文學獎競賽中得獎；對學術研究充滿熱情，成績斐然。他專任教師後，我們在文學的傳播上頗有共識，尊重古典，卻也不廢現代。更積極的是，我們都相信古典之所以流傳幾千年，必然有它傳諸久遠的價值。如果能夠設法披沙揀金，並用現在的語言解說古典，以新潮的觀念詮釋經典，讓放諸四海而皆準的先賢智慧得以脫胎換骨，成為今人生活裡可資參考、遵循並實踐的良方就太好了。

品鍵在同儕間算是早婚的，據我的觀察與理解，他不只是個好丈夫、好父親，更是個好老師。我從他的臉書上看到他對家庭的凝聚力及親子教育的重視，也跟學生維持密切的互動，深受學生的敬愛。我忍不住要往臉上貼金一下，他跟年輕時候的我有些類似，都跟學生很親，學生很願意跟他親近，常常走進他的研究室，跟他傾吐心事，並尋求解方。在這一點上，他跟我當年一樣：我們都關切人際，不吝提供溫暖，這也是我和他同樣執守的教師信念。

大學生除了勤學課業外，最求知若渴的，莫過於對愛情意義的追求，兩性關係的建立和戀情遭遇困阨時的對應。從這本書中，我們看到他們師生時相切磋，對先秦兩漢思想用力甚勤的他，因為已然在學問上融會貫通，總能從那些看似志在經世濟民的經典中援引適當段落，打通今人的任督二脈。他無所不談，縝密詳實為戀愛提綱挈領：自愛與愛人、接受與珍惜、放棄與轉念……提供讓人豁然開朗的答案。

我的學思過程，仰賴小說、戲劇的啟蒙與研究者多，相形之下，對古人的哲學思想較少涉獵，看過這本書後，對這門學問的興趣陡長；原本以為那些諸子百家言論有些和時代脫節，沒料到讀起來竟可以如此家常且有滋有味。譬如分析《孫子兵法》中所說的致勝方法是戀愛中可靠的作戰指引嗎？又譬如老子會上場告訴你：人生必然得面對消逝，那麼，我們可以做甚麼？又從中引申出如何學習分手；而導致傳統男尊女卑觀念的罪魁禍首又是誰？董仲舒的陰陽之說就被揪出了……。文中堪稱金句連連，都是相當接地氣的生活指南，證實古典其實並不遠。因為思想說理、小說戲劇言情，情理不宜偏廢；而人際關係原就一以貫之，君臣、師生無異於親子、朋友，這任督二脈打通了，就甚麼都通了；換言之，這本書其實不止於書名所示的「戀愛大師班」，它還是一本普及化的經典書，更是一本值得參考的人際溝通手冊，可以從中看到更有層次且充滿希望的世界，堪稱自修、教書兩相宜，我因此願意大力推薦。

二〇二三年十二月三日

廖玉蕙

自　序——青春年華可以怎麼讀先秦諸子？

前些日子一個學生來我研究室找我，一開始是因為書本上有些地方不懂，後來課堂上該講解的講完了，開始閒聊一些閱讀與生活。聊著聊著，他提到最近生活與情緒有些狀況，正在努力克服。

我問：「怎麼了，跟男朋友吵架了嗎？」

他皺著眉頭說：「是前男友了，他一直想復合，每天在我家樓下站著。從天黑站到天亮，就等我出門，苦苦哀求。我拒絕他好多次了，趕也趕不走，覺得很可怕，不知道怎麼辦。」

這位學生為何與男友分手，就不在這裡說了，總之發生了一些不愉快。我建議他，請幾個膽子大的朋友一起去跟他這樣說清楚：「再這樣盯梢，一定會報警。」然後一定要提一下前陣子在立法院通過的「跟蹤騷擾防制法」，嚇嚇他。

學生很苦惱的說：「雖然已經沒有愛了，有必要做到這麼狠嗎？」

我攤開手掌，跟他說：「接下來我問你幾個問題，你只要考慮你自己的心情就好了。」

「你還愛他嗎？還打算當他女朋友嗎？」

「你可以跟他當非常要好，徹夜講電話的好朋友嗎？」

「你可以跟他當普通朋友嗎？跟包含他在內，一群人一起吃飯，一起出去玩這樣可以嗎？」

「假如跟他修同一門課，你願意跟他同組做報告嗎？」

「在路上遇到，你會跟他打聲招呼嗎？」

學生每搖一次頭，我就折起一根手指，最後一個，他猶豫了一下。

我說：「他就在你家樓下，你早上來上課，出門時跟他說聲早安，同時微笑點個頭，就當遇到了鄰居。這樣可以嗎？」他又搖搖頭，說：「每天站在樓下等我，很可怕。」

這位學生說了幾次「很可怕」之後，我接著說：「他可能還有別的想法，但你連見面都覺得『可怕』。剛剛我們才複習過孔子，人與人之間的關係是互相的，他想要你當他女朋友，卻無視你的心情，執意用讓你感到恐懼的方法對待你，他到底是愛『你』，還是愛那個『擁有你的自己』？你覺得報警抓人太狠，但以一個旁觀者的角度來看，你心念舊情讓他這樣繼續下去，好像還抱持著一絲希望，才是真的狠。」

無法重建新的關係，無法有合理的互動，對他，對自己都狠。

我抽出了書架上的《論語》與《荀子》，又複習了一次他剛剛才問過的課堂上的問題。孔子怎麼講君君、臣臣，荀子怎麼說明不同遠近關係之間的互動方式。

我說：「你看，有什麼樣的情感，建立什麼樣的關係，實踐什麼樣的互動，表現什麼樣的禮儀，是不是像極了愛情？」

學生取笑我用老哏。我說我都提《論語》了，千年傳統，全新感受，老哏無限老，人要向前行。你以為讀這些死人骨頭還能有什麼用？難道是只是為了期末考？

好說歹說，送走了學生，後來怎麼了我也不知道，他沒來找我講後續發展。但這樣的學生還真不少。另一個學生有個剛交往一個月的男朋友，希望女友住進他家，跟他以及他的爸媽一起生活，怎麼辦？還有一個學生，他喜歡上的女孩是好朋友剛分手的前女友，怎麼辦？再一個學生，期末考考壞了，是因為女朋友每到考試就鬧分手，怎麼辦？

我說我未必遇過這些事，就算我有遇過，也肯定跟你們遇到的不一樣。但有些原則值得參考參考，那是先秦的那些老師們教我，然後我覺得可以這樣運用的。

身為一個在中文系裡教古代思想文化的老師，我幾乎無時無刻不反覆思考著：讀這些書有什麼用？學生的困擾與疑惑，不外乎如何面對父母，如何面對朋友，如何面對愛情，其中尤其多的，是為愛所困。面對父母、朋友多少有些過往的經驗可以依循，但人生走到十八、二十出頭歲，該如何處理對愛情的強烈渴望？該如何與初戀情人相處？該如何好好的結束一段感情？通通都還在摸索，一不小心便自己走入了死胡同。開始時的渴望、熱烈、興奮，結束時的沮喪、憤怒、悲傷，離開後的失落、憂鬱、茫然。這些愛情的林林總總，先秦諸子們幾乎都沒提過。他們講政治、講社會、講人生、講自我，就是不講愛情。

我不信他們沒遇過愛情的困擾，只是相對於其他苦難，可能他們最後留下來的都是這些。

但沒關係，我們可以舉一反三，他們不能從墳裡跳起來反駁，不能從孔廟裡走出來繼續講大道理，頂多託夢吧！真要託夢，那還不問爆？為什麼他不愛我？為什麼他要這樣？為什麼我忘不了他？來託夢的話，就在夢裡考倒這些「予豈好辯哉」的古人吧！當然少不了該回嘴幾句：你們不懂愛情，言大而夸，大而無用，快走快走，讓我繼續徬徨寢臥。

話是這麼說，我卻相信，那些充滿智慧的過往聖哲們在面對青春年華的小情小愛時，還是能拿出不錯的建議來的。只是這次，「聞一以知二」是必要的，「舉統類以應之」也是必要的。畢竟文字有盡，智慧無窮，古代的老師傅為大家開了扇門，我們找到門是一回事，走進去是另一回事，走進去能不能走出來，又走出來能不能帶點東西，那又是另一回事了。

書的開頭，還要再澄清幾件事。

首先，這不是一本我的講課實錄。我在中文系開設的課程會兼顧古典文獻的閱讀理解，因此不得不花大量的時間說明文字、詞彙、語句與書籍編纂的歷史演變。上課時必須盡量去貼近古人定稿時的想法，充分理解之後，才能帶領學生反思自我所面對的人生課題。

如何面對人生，是所有人的共通課題；而古文的閱讀理解，則是中文系必須的專業訓練。在這本書裡，我必須放下那些專業訓練，然後盡量放大共通課題。當然，每個人在面對人生困境的時候，多少會希望能夠從自己的專業中獲得一些啟發。人人專業不同，原則與過程也會有所不同，一起構成了這個美妙而複雜的世界，而我很榮幸的，能透過這本書為大家引入一些古代哲人的思考模式。

其次，這也不是一本介紹先秦諸子思想的書。每個人有每個人的人生課題，每個時代也有每個時代的時代課題，先秦諸子面對的是一個禮壞樂崩，秩序蕩然的天下，相形之下，吾等糾結於小情小愛，多少顯得侷促。但困擾終究是困擾，為一朵花的凋謝痛哭流涕，與哀悼蒼生之苦難，在人的心中並沒有高下之別。

這本書借用了古人的思考模式，去思考如何獲得愛情的美好，擺脫失戀的苦痛。換言之，這本書固然講了許多古代思想，但有很大部分的內容來自於作者的再詮釋，挪移了典範，超譯了文獻。

其三，問世間情是何物，估計會問出數以萬計的答案。愛情本身也是一門學問，有心理學的討論，有社會學的討論，也有從文化或管理的角度出發的專門研究。這本書當然也不是一本嚴肅探討愛情的研究著作，我也不敢自認為是什麼愛情專家，就是從我所熟悉的先秦思想出發，結合一些我與周邊人的經驗，提供一些稱不上客觀的面對方式。要說是古代思想的「現代應用」好像也無不可，但中國古代的思想向來就是應用大於純粹思辯的。而愛情，或人與人之間的其他互動，其精神與核心的那些元素，也是超越時間，縱貫古今的。換言之，「應用」一直都是應用的，而「現代」其實也沒那麼現代。

最後再補充說明一點：這本書的每個單元會講述一個或多個小故事，多半來自於我的聽聞或經歷。然而為了讓包含我自己在內的故事主人翁們，可以更自在的隱藏在那些道理之後，我在初稿完成之後對每個故事都做了相當程度的修改。加油添醋，乾坤挪移，盡可能的讓當事人不被辨識出來。因此呈現在各位面前的，既是真實故事，也都是虛構故事。

總之故事虛虛實實，道理也未必適用每個人。不過天地如此遼闊，萬物如此繽紛，大家不妨各取所需，自由心證。

讓我們從古人開啟的那幾道門走進去，汲取一些什麼，然後好好的談一場戀愛吧！

目次

課前預習：那些「與從前不一樣」的新關係

不論是早期的PTT，後來的Dcard，或是各種不同樣貌的交友網站、社團或手機APP等等，網路上總有許多不可思議、真假難辨的愛情故事。前陣子一個分享異性戀男性（所謂「直男」）各種匪夷所思搭訕行為的臉書社團突然爆紅，讓許多喜歡卻無法理解對方，想追求卻找不到方法，想建立親密關係卻反被嫌惡的對話，透過一張又一張的對話截圖被公開取笑著。

有人說，許多人的成長過程中嚴重欠缺情感教育，不知道如何表達情感，也不知道該如何接收情感。在雙向都斷線的情況下，說好聽些是雞同鴨講，實際上就是自以為誠懇的言語騷擾。

說真的我是很同情的，不論是那些被騷擾者，還是那些可笑的發訊息者都是。

大多數人都是跟隨著某種習慣來生活的，但任何一種習慣，或任何一種關係，都會隨著時間而跟著變化。父母在孩子年幼時，透過耳提面命與生活中的各種掌控來與兒女相處。如果沒有意識到孩子的成長，往往會在兒女青春期過後，不得不面對一連串劇烈的衝突。相反的，如果兒女習慣讓父母為自己的生活下決斷，成年之後依然如此，就難免於媽寶、爸寶的批評。

那麼愛情又是什麼情況呢？

人的成長過程當中，最先建立的是親子關係，其次是手足與朋友，緊接著是師生。無論如何，本來是沒有「愛情」這種關係的。青春期之後，身體的成長會自然帶動對於親密關係的渴望，這種渴望促使人們使用有別於父母、手足、朋友的方式，去認識、接近另一個人。這是所謂的情竇初開，所謂的春情萌動。

麻煩的事也在這裡了。親子等其他關係，多半是已經建立關係了，然後在其中學習如何互動，並且在互動中加強（或削弱）情感連結。愛情卻不一樣，必須先透過一連串的互動，然後才能確立彼此之間的愛情關係。情竇初開的少男少女們，如何才能知道該怎麼進行那一連串的互動呢？他們畢竟只有跟父母、手足、朋友互動的經驗，因此面對初戀情懷只能茫然失措。在他愛我、他不愛我之間扯著花瓣細數；或是求神問卜，流連於占星與數術當中；或是用不知道哪裡獲得的奇怪方法，透過一個又一個的令人不快的言語或行動，變身成某網路社群的笑料。

說到這裡，讓我們暫且放下這些扭曲的愛情，先來聊聊歷史，看看有何值得借鏡之處。

上古的西周時代，原本有一套運作良好的禮樂制度。這套制度透過親疏遠近、尊卑長幼的合理分配，使人人都知道自己在什麼場合應該說什麼話、做什麼動作，文質辨洽，彬彬有禮。但隨著時間的流轉，這套制度到了春秋時期，相隔數代的親屬不再「親」了，甚至隨著商業與科技的演進，應該「尊」且「強」的變弱了，本來「卑」而「弱」的反而變強了。大家被迫面對一連串從前沒有面對過的情況：如何對待衰弱的天子？如何接受頤指氣使的霸主？我們真的是親戚嗎？為何他如此討厭我？我為何必須成為國君？我為何必須擔任這無能傢伙的臣子？

林林總總的問題，考驗著從舊時代而來的每一個人。

這個現象，過去常稱之為「禮壞樂崩」。有學者覺得禮樂並不是崩壞了，只是無法面對新的狀況，就像火車無法航海，不代表火車開不動了。所以又稱之為「周文疲弊」，意思是說，西周的這套禮樂文化，在新時代顯得老舊不堪，不合時宜，執行的人也搞不懂這套制度為何這樣，自己為何如此。

以大見小，再回來聊感情。我常常覺得十幾歲青春期過後的少男少女們，其實也是一場具體而微的「周文疲弊」。隨著身體與知識的成長，原本高高在上的權威，如父母、師長，從無法觸及的高度降了下來，在特定領域變得跟自己平起平坐，甚至不如自己。面對某些朋友，原本沒有的期待與興奮，執著與失落，在某個時刻突然湧現出來。如果沒有權威，我應該聽誰的話？我特別在乎某個朋友，這是怎麼回事？我該怎麼面對？

相信每個人都會經歷這個階段，怎麼面對，各種方法無法計數。有些人處理得很好，此階段相當順遂，成為往後的美好記憶。當然也有人處理得很糟，甚至成了一輩子的陰影。

春秋戰國時代，甚至一直延續到西漢初年，是一個天下秩序重整的時期，從貴族封建，逐漸走向皇帝郡縣。如果以人生來做比喻，就是一個人脫離了原生家庭，在天地之間重建一個安身立命之處。過程中，將不得不尋求各種意見，嘗試各種錯誤。在春秋戰國時期，面對周文疲弊，不同的人提出了不同的解方，形成了諸子百家。

時代如此，那麼「人」呢？逐漸離開父母掌握之後，為了在天地間獲得一席之地，各種彼此矛盾、衝突的意見便紛然沓來。不再有人明確的指揮你，這是對的，那是錯的；如果有人還想指揮你，你也會自主的思考，那真的是對的嗎？那真的是錯的嗎？為什麼不這樣呢？

而愛情關係則是這個過程中，一個全新的，重要的，甚至可能是最關鍵的環節。

為了與他人建立親密關係，當然也會有各種意見環繞著。包含了父母、兄弟、朋友的言語與行動，包含了來自其他人際互動的潛移默化，或來自媒體資訊、書本知識的啟發。不同的成長過程，不同的引導途徑，有人找到了理想對象，成了神仙眷侶；有人不知如何開始，成為網路上被取笑的對象。

說到底，愛情到底是什麼，取決於每個人理性與感性的交互作用，形成對於愛情的想像。此外，也取決於能否遇到願意接受共同的想像，一起進入並經營愛情關係，同時一起走過一段路程的對象。

春秋戰國時代是個混亂的時代，同時也是個光輝燦爛的時代。青春年華，情竇初開也是如此。曖昧的疑惑，擁有的喜悅，失落的憂傷，挫敗的體驗，將會創造出屬於你的，與從前不一樣的新關係。然而那會是屬於你的太平盛世，還是漫長的混亂衰頹？或許可以透過諸子百家的思考模式來檢視。

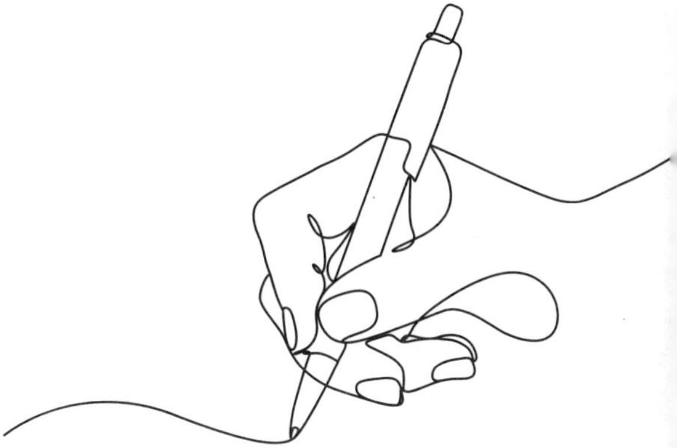

共同課程

戀愛的大原則

愛究竟是什麼？沒有愛可以談戀愛嗎？

幾年前一個好朋友談戀愛，那對象我也認識，見了面恭喜之餘，不免聊到未來的打算。這位好朋友本來喜孜孜的聊著情人，突然眉頭一皺，苦惱的說：「我的父母對他出身的族群有很深的偏見，強烈要求分手，不知道以後怎麼辦。」

幾年後他們分手了，分手的原因不確定與父母反對有沒有直接關係，總之感情是結束了。

再說另一個故事。很久以前我有兩個好朋友陷入愛河，熱戀時沒人覺得哪裡有問題，愛情長跑數年之後，兩人決議結婚，才發現兩人家世背景相去甚遠。經濟較弱勢的一方在婚禮籌備過程中受了不少委屈，另一方的家人在言語與行動上都表現出高高在上的態度。

後來呢？經過努力的溝通與協調，順利結婚，生養孩子。說幸福美滿就太童話故事了，總之再沒聽說過誰瞧不起誰。

談戀愛當然是「愛」最重要，沒有愛或許可以一起生活，結婚、生子甚至偕老，但多半是非常辛苦的。反過來說，若能一起度過大半人生，白頭偕老，要說其中完全沒有愛的成分，恐怕他們自己也不信。

愛情的核心就是「愛」，大概很少有人會反對。上面兩個故事說得輕描淡寫，但不論你是否經歷過，單憑想像大概也能感受到：如果愛情只有愛，只有兩人世界，恐怕未來肯定是困難重重。有人可以用愛克服難關，但困難到了極致，愛也會被消磨殆盡。

「仁」是一個大凡懂中文的都聽過的概念。《論語》中有許多弟子問孔子什麼是「仁」，孔子個別給出了不一樣的答案：

有時候說「仁」是不論在家、出門，或在工作場域，何時何地都要態度恭敬，認真負責，沒有怨言，自己不喜歡的事情，也不要加諸別人身上。

有時候說「仁」是節制私欲，使行為舉止回歸禮儀。

有時候說「仁」是講話謹慎。

樊遲是孔子學生當中，好學卻相對遲鈍的一個，他問孔子什麼是「仁」，孔子有一次直接回答「愛人」兩個字。

直指核心，簡單明瞭，「仁」就是「愛人」。

愛究竟是什麼？如果我們要從最簡單的層面來說，愛就是對於另一個人來自內心無以言喻的渴望，渴望擁抱、渴望守護，同時也渴望讓對方擁有笑容，擁有平安。愛是雙向的互相關懷，互相付出，也互相擁有。愛情當然也是「愛人」，因此愛情與仁一樣，若直指核心，愛情就是「愛」啊！這還需要解釋嗎？

真有那麼簡單，天底下就不會有人為情所困了。

孔子講的「仁」其實範圍很大，是從核心出發，從一個愛人的念頭發動，時時刻刻不忘初心的去實踐愛，去克服難關。最終使自己與周遭都能獲得理想而美好的生活，直到生命結束。所以「仁」很簡單，你要你心中有愛，「仁」就開始了。但「仁」也很困難，一方面我們多半會分心，會忘記持續的去愛；或是以為自己在實現愛，實際上已經走偏了初衷。或是時間久了，失望了，放棄了，對其他欲望屈服了。「仁」的開始很容易，但要成為一個真正的「仁者」，卻要用一生去證明。

所以孔子說：他最聰明的學生顏回，能保持仁心三個月，其他人頂多只能一日當中，或一月當中，偶爾想到仁而已。又說：講到「聖」與「仁」，我真的不敢當，頂多就是認真實踐，努力教導學生而已。

愛情不也是如此？愛情的核心已經無須再說明，但有這個核心不代表你擁有了愛情。從愛出發，會伴隨著一些雜七雜八，卻很難不去克服的那些難題。包含外在的財富、地位、生活習慣、父母兄弟，也包含內在的價值選擇、意識形態、心靈與身體的自由等等。

數十年前有個知名的廣告，不在乎天長地久，只在乎曾經擁有。那是愛情嗎？當然也是，只是既然只能曾經擁有，那麼這愛情不免還有些遺憾。一生無悔的愛令人嚮往，但在愛消逝之後，麻木而機械的持續到天長地久，似乎也不怎麼值得羨慕。

沒有愛是不行的，只有愛也是不行的，愛是單純而熱烈的，愛也是面面俱到，無所不包的。人不能終日與愛人凝視彼此，總要吃飯，總要有遮風避雨的房子，總要有其他的人際關係，總要擁有各自相異卻又不互斥的獨立生活。仁是愛人，愛情也是愛人，需要從核心展開實踐，愛情與麵包必須兼得，浪漫與現實可以同時面對。愛包含了兩人世界，但不能只有兩人世界，必須交織雙方原有的關係，家人、朋友、工作同事，乃至於族群與國家。當然愛到極致有時候會逼使人們作出極端的選擇，在種種壓力下或私奔，或放棄。

所以愛情不只是熱烈的激情而已，需要包容與深沉的智慧，同時永不忘記那個原始的，出發點的愛。

《論語》

仲弓問仁。子曰：「出門如見大賓，使民如承大祭。己所不欲，勿施於人。在邦無怨，在家無怨。」

顏淵問仁。子曰：「克己復禮為仁。……」

司馬牛問仁。子曰：「仁者其言也訒。」

樊遲問仁。子曰：「愛人。」

子曰：「仁遠乎哉？我欲仁，斯仁至矣。」

子曰：「回也，其心三月不違仁，其餘則日月至焉而已矣。」

子曰：「若聖與仁，則吾豈敢？抑為之不厭，誨人不倦，則可謂云爾已矣。」

一層一層的剝開我的心，找到愛的本質

談戀愛時，情人總是愛問：「你為什麼愛我？」

有談過戀愛的，都知道此時心中要有一個小警鈴，叮叮噹噹的響個不停：「注意！注意！這題有陷阱！請務必深思熟慮後回答！」

當我們想到「為什麼愛」的時候，常常會想到那些外在的條件。比方說長得很漂亮，身材很勻稱，學業優秀，有很不錯的工作收入，有房有車之類的。不能否認外在條件是愛情關係中安全感的來源之一，有一個在社會上吃得開的伴侶，通常會連帶的讓自己的生活也過得比較優渥一些。至少傳統意義上，與他結婚可以擁有「少奮鬥」或「少吃苦」的可能。

上一段提到愛情關係中沒有愛是不行的，只有愛也是不行的。有時候隨著交往的時間久了，或是心裡沒有對愛情的本質有更理性的剖析，會捨本逐末，將外在的儀式或物質條件誤會為愛情的必要條件。諸如：

從前陪我看電影，現在只能在家看電視。

從前都叫我「親愛的」，現在都叫我「喂」。

從前我生日都有浪漫的燭光晚餐，現在只剩下路邊攤。

從前不遠千里來接我去上學，現在要我搭火車去等你下班。

諸如此類，或怨懟，或哀傷，因此對於愛情無法長久保持，而感到灰心失望。

但是理性的想一想，外在的條件本來就會不斷的變化，白雲蒼狗，東海揚塵，更何況青春美貌或功名利祿？

愛有本質有外延，「仁」也是。從「仁」出發形成了「禮」，然後「禮」又帶出了各種服飾與器具。有人說愛使人盲目，因為愛，看不見各種外在苛刻的條件。然而使人盲目的不只是愛，人也時常迷惑於外在的儀式或財富，而看不見愛在何處。這一點，也與「仁」一樣。

《論語》中孔子感嘆：「如果沒有了作為核心的『仁』，那麼還要這些禮儀做什麼？」又說：「禮啊禮啊！難道只是那些玉佩與禮服嗎？」把孔子話中的「仁」改為愛情，幾乎是天衣無縫。

如果每個美好外在的條件，都可以連結到某種內在本質的話，那麼我們所愛的，就不只是那些會隨著時間消逝或變化的部分了。打幾個比方說：

「他陪我看我喜歡的電影」，挖掘內在本質，就是：「他願意花時間與我相處」。

「他叫我親愛的」，挖掘內在本質，就是：「他用特別的稱謂來表達我的重要性」。

「生日都有浪漫的燭光晚餐」，挖掘內在本質，就是：「他重視專屬於我的特別日子」。

「不遠千里來接我去上學」，挖掘內在本質，就是：「無論如何想要見到我」。

如果可以把外在條件剝開，直指這些本質，那麼只要本質沒變，就算滄海桑田，不也傳達了、證明了其中的愛？相反的，如果變的是外在條件而不是本質的愛，但其中一方卻仍因此感到不滿，那麼他所愛的到底是那個內在的人，還是外在的其他東西？

這件事情值得每個面對愛情的人都去深思。不論是已經交往的，甚至已經結婚生子的，或是還沒交往的、剛開始交往的。在曖昧與激情之間，在肯定未來要攜手共度之前，都應該時時刻刻的去提醒自己去找到這個本質。

尋找的方法並不難。與性別無關，人的心都是海底針，必須聽其言，觀其行，從外圍往內探索。比方說：長得很漂亮，身材很勻稱，可能來自於規律的飲食與運動習慣，那麼內在的本質就是他非常的自律。說喜歡那樣「好看的身體」太過膚淺，但喜歡充滿紀律的心，甚至從而發現這樣的心在其他生活層面的表現，那這份喜歡就很深刻。其他如喜歡他學業優秀，可以連結到對於知識的渴求；喜歡他收入很高，可以連結到他對特定領域充滿熱情，因此獲得優渥的回報。

外在的條件多半是具體的，內在的本質卻往往顯得抽象，像是「勤奮認真」這種事如果自吹自擂，沒有佐證是很難說服人的。但如果他自己不說，你卻能從外在條件挖掘出來，豈不是一大喜事？找得到內在的本質，就不怕外在條件的變化，因為只要內在不變，就算是外界瞬息萬變，也總能從頭來過。相反的，如果那些外在條件都無法指向內在的本質，如長得好看，單純是因為父母基因很好；經濟無虞，是因為繼承遺產或中了樂透。那可能要做好心理準備，這份愛情恐怕存在著有效期限。

剖析別人，不妨也剖析自己。在愛情的旅途中，不論是尚未開始，或是已經愛情長跑好一陣子了，這兩個問題都值得深思：

你為什麼被那樣的條件吸引？你又能拿什麼條件去吸引人？

為什麼被那樣的條件吸引？假設被吸引的原因是，喜歡對知識渴望的他，喜歡對工作充滿熱誠的他，那就代表他的心力會投注在知識與工作中，而不會時時刻刻關注我的一舉一動。如果愛上的是擁有這樣本質的他，就很難抱怨他無法對待我猶如對待知識與工作一樣。

此外，被那樣的條件吸引，還可以進一步問自己：那個吸引我的內在本質，是一個正向價值的嗎？我喜歡他歡樂、開朗的特質，這是正向的。但他的歡樂、開朗是否來自於逃避責任？他是不是選擇不去面對那些辛勞而憂愁的人間事？如果是這樣的話，代表這個本質本身還有待磨練，可能可以再多花些時間觀察。

美好的愛情必然是互相的，否則便只能是單戀或暗戀，或是像看著偶像明星一樣。他這樣吸引你，你又能拿什麼條件去吸引人呢？你是否也有令人欣喜，無法忘懷的本質呢？能不能持續的琢磨更好的自己，更吸引人的性格？甚至因此由內而外的，去強化自己的外在條件。有對象的，能不能因此鞏固自己的愛情？沒對象的，能不能讓自己更被有相同或互補本質的人所看見？

老廣告詞說「愛情恆久遠」，這是很困難的。這本書是古人的戀愛課，不妨讓我偶爾引用一下原文：孔子說「仁」就是「愛人」，而且「君子無終食之間違仁，造次必於是，顛沛必於是」。

愛情要能長久，永遠都要能找到那個愛，任何時刻都是，不論是匆忙倉促的時候，還是挫折困頓的時候。

《論語》

子曰：「人而不仁，如禮何？人而不仁，如樂何？」

子曰：「禮云禮云，玉帛云乎哉？樂云樂云，鐘鼓云乎哉？」

子曰：「富與貴是人之所欲也，不以其道，得之不處也；貧與賤是人之所惡也，不以其道，得之不去也。君子去仁，惡乎成名？君子無終食之間違仁，造次必於是，顛沛必於是。」

我是誰？你是誰？

每學年開學的第一堂思想史課，或莊子、荀子課程與選修學生的初次見面，我都會走下講臺，輕鬆的問學生這樣的問題：

「你是誰？」

通常得到的第一個回答會是名字，然後我會追問：「如果現在教室外面走過一個人，他說他也叫這個名字，那是你嗎？」

當然不是。

「所以『名字』不能代表你對吧？那麼我們再問一次：『你是誰？』」

多半這階段便會進入我最喜歡的教學時刻：深思的沉默。

有些同學反應很快，反而來不及進入思考自我，會用各種方法縮小指定的範圍，比方說：

「我是中文系的學生。」

「我是世新大學中文系大三的學生。」

「我是身高一百五十五公分，長頭髮綁馬尾，穿粉紅色上衣搭白色裙子的某某某。」

「我是某某人與某某人的孩子。」

「我是白品鍵老師正在問『你是誰』的那個人。」

當然也會有可愛的同學，會立刻拿出團康遊戲中自我介紹的本事，快速的念出熟稔的臺詞：

「我是某某某，牡羊座B型，男性，二十歲大三，單身，興趣是彈吉他唱歌、打籃球、追劇，很樂意與任何人逛街看電影，喜歡陽光熱情的女孩子，請大家多多指教。」

出現這樣的回答通常全班同學都很樂，有些活潑的同學還會趁機打打鬧鬧，互虧或假告白。但無論如何，我都可以這樣繼續追問：「中文系的學生很多，每個都是你嗎？把你身上的服飾拿給身材相仿的另一個人穿戴，那個人會是你嗎？你父母如果多生了幾個孩子，就會多出幾個你嗎？我等等就去問下一個同學了，那個人也是你嗎？牡羊座B型的單身男性非常多啊！二十幾年前你面前的這個老師也單身啊！難道二十幾年後你就是這樣的大叔嗎？」

無論教室多麼熱鬧，總是要讓學生去思考一個，希望能讓使老師無話可說的答案。也許時間不一，但可以期待大多數學生會出現片刻的「深思的沉默」。

「我是誰？」是人生的第一個大哉問，絕大多數的人會在幼年時期經歷過這個階段，在其中獲得重要的自我意識，並藉此獲得與周遭人們相處的方法。但隨著年齡的增長，絕大多數的人也會遺忘那些曾經的自我省察，用各種外在的附加物來代表自己，甚至誤以為這些附加物便是自我本身。

每個附加物，都是一個標籤，姓名、性別、血型、星座都是。此外，還有更多「去人化」的標籤，如學號、身分證字號、職稱、位階等等。當我們思考「我是誰」的時候，常常不由自主的會優先彰顯出這些標籤，企圖透過這些標籤來彰顯自身的存在，並且透過標籤來與他人互動。

這邊牽涉了幾個問題。第一個問題是，這些標籤真的是你嗎？真實的自己是無法用標籤來定義的，至少這本書後半段請來的古人老師們如老子、莊子都這麼認為。但標籤也不是毒蛇猛獸，適當、貼切的標籤，對於人際關係的幫助是顯而易見的，人家一眼就知道該怎麼跟你互動，你也因此知道自己應該拿出什麼樣的言行舉止，才有禮貌。但問題是，我們是否有個自覺：「這些標籤正代表著我，但我不止是這個標籤」。

沒有自覺的話，你就不是使用這個標籤介紹自己，而是被標籤所控制。打個簡單比方：因為我是男性，所以我應該有「男子氣概」，要抗拒諸如編織、美妝這類太「娘」的興趣。或因為我是女性，所以我應該「有氣質」，我應該抗拒「粗野的」運動項目如摔角、爬樹等等。

標籤的背後往往有某種定型的意涵，當我們輕易的用標籤自我介紹時，這些標籤是否能合適的表現自我？或者我們也可以倒過來思考，我身上這個標籤，是我爭取來的嗎？是我樂意用來自我展現的嗎？我是否重新定義了這樣的標籤，並且讓身邊的人透過這樣的標籤，找到更接近真實的我呢？

所以第二個問題是：除了這個標籤，你還有更多其他的嗎？

當然有！這是無庸置疑的。我常常要告誡身為老師的自己，學生在課堂上的表現，往往與真實的樣貌有巨大的差異。幾年前教書的時候，中文系的課堂上有個文靜、氣質的學生，總是默默的坐在角落，規規矩矩的寫筆記。後來我知道他參加了社團活動，找了機會去看他的表演。沒想到他不但盛裝上臺，而且談吐非常活潑，在舞臺上充滿活力與能量，跟在課堂上完全不是同一個人。

背負學生、職稱標籤的我，背負兒女、父母標籤的我，背負閨蜜、兄弟標籤的我，背負情人身分的我。每個人身上總是貼著許許多多的標籤，標誌著「我是誰」，使人際關係成為可能。

這個問題跟第一個問題連結起來看，還有一個問題值得注意：不同標籤下的我，都是真實的自我嗎？有些人覺得在家裡的自己特別壓抑，要扮演長輩心中如此的晚輩形象。也有人覺得只有在家裡時的自己才是最真實的，不用應付職場或其他社交場合的應酬。更有人只想獨處，將自己放置在可以隨時放下、轉換標籤的狀態中，封閉成一個自給自足的宇宙。

然後就是第三個問題了：你是否預設了標籤去認識別人？

這是一本講戀愛的書，或許我們可以更約化的說：你是否預設了「理想情人」這樣的標籤？

問了「我是誰」之後，當然也要問「你是誰」。當我們企圖與另一個人建立親密關係時，這個人在你面前是真實的嗎？還是為了追求你，刻意的表現出某種你期待的樣貌？反過來說，你是否過度期待那個人要表現出你期待的樣貌，而忽略了真實的，活生生站在你面前的人？

標籤是一種表象，重點是表象背後的那個「人」，那顆「心」。就像上一個章節所聊到的，內在的本質，會延伸出外在的樣貌，所以我們要透過外在的樣貌，去挖掘、尋找那個本質所在。有時候同一個人在看似不同的標籤下會有不同的表現，但也許內在的本質是一致的。如那位課堂上文靜，表演時活潑的學生，也許對他來說，就是在貫徹「認真負責」每件事情這項本質而已。

找到真實的自己，也找到真實的那個人，然後檢查那些貼在身上的標籤是否接近真實。這件事情在先秦時期有非常熱烈的討論，而且最先開始討論的，就是孔子說的：「必也正名乎。」

標籤其實就是「名」，你背負的「名」是否對應著「真實」，這就是「名實」問題。以孔子為首的儒者們認為，我們應該透過「實」，去決定你應該擁有什麼「名」。打個比方來說，你沒有當君主的心理素質與能力，就不應該占據君主的「名」。孔子說的「正名」，簡單說就是希望大家找回名應有的真實，讓禮壞樂崩的秩序，重新回到名實相符的情況。

孔子會拿「正名」來講什麼樣的戀愛課？我想已經呼之欲出了。你能否找到真實的情感，去面對你要面對的這個人？如果你只用「朋友」看待對方，那就不應該竊占「情人」這樣的名；如果你們兩人之間沒有情侶這樣的情感，那也不應該一相情願的占據「情侶」的名。相反的，如果你們的關係已經不只是朋友了，是否應該好好的「正名」，用交往來彰顯「情侶」這樣的事實？

朋友與情人之間，情侶與夫妻之間，夫妻與各種開放關係之間。新時代的「真實」有許許多多不同的樣貌，使得「名」也出現了各種擺脫過往刻板印象的內涵。但無論如何，在拿標籤往自己身上，往別人身上貼之前，都應該更仔細的去釐清，去定義每個名，每個標籤是否有專屬某人的真實。如此一來，人際關係、情侶互動，才能更流暢，更被彼此接受。

「名」正了，彼此說話的方式，對待彼此的方式，便能各就各位。

相反的，名不正則言不順，言不順則事不成，那還要談什麼戀愛？要怎麼互相好好對待？

關於「名」與戀愛的關係，後面還有很多值得聊的，這裡不過是開個頭而已。

《論語》

子路曰：「衛君待子而為政，子將奚先？」子曰：「必也正名乎！」子路曰：「有是哉，子之迂也！奚其正？」子曰：「野哉由也！君子於其所不知，蓋闕如也。名不正，則言不順；言不順，則事不成；事不成，則禮樂不興；禮樂不興，則刑罰不中；刑罰不中，則民無所措手足。故君子名之必可言也，言之必可行也。君子於其言，無所苟而已矣。」

做真實且完整的自己

開學沒多久，一個可愛的大一學生找了同班同學來敲我研究室的門，聊了一陣子之後，欲言又止了一番，最後非常苦惱的問我：「老師，我應該去住在男朋友的家嗎？」

話說從頭，原來這個小女生談戀愛不過一個多月，男友家父母都很喜歡他。小女生上大學找打工，受到男友的影響，就在男友家附近上班。因為這樣，男友已經時常要求女友週末留宿，甚至希望就此與他同居。

年滿十八歲的成年人戀愛同居，那也沒什麼。但對談中我在意的是另一個細節：男友與父母同住，而對方父母也強烈希望這孩子住進來。

我忍不住問：

「等等，你跟他交往多久，就去他家裡見他父母啊？」

學生皺著眉頭說：「大概兩三天吧！總覺得太快了，但他又一直希望我去，覺得很困擾……」

我說：「談戀愛什麼的，兩人世界好好過就行了，如果家長也討人喜歡，那跟長輩同居也無妨。但既然覺得困擾，覺得好像太快了，那就退回去一些吧！畢竟你現在是在談戀愛，不是要談婚事。熱戀期爸媽三不五時敲門進來送切片水果，要是我大概會逃走吧！」

接下來的時間，大體就是釐清一下這學生的交友觀與戀愛觀，順便交流一下我這年紀比較熟悉的情況。

現代人幾乎都是自由戀愛，如指腹為婚、媒妁之言那般老舊的愛情建立方式幾乎消逝了。即便是奉父母之命相親，也不得不留給小情侶更多空間。愛情關係的建立，理所當然的是從愛情的雙方開始，隨著情感的加深，逐步擴張到對方的其他人際關係。有些人迫不及待想把對方拉進自己的世界之中，如果你情我願，就像戀愛同居一樣，無可厚非。但如果某方的要求超過了對方的意願，那就有好好溝通的必要了。

戀愛是愛人，但美好的愛情關係不是任憑其中一方的想像與需求，放下另一方的意願，強迫對方去忍耐，去配合。美好的愛情，應該是彼此都在對方那裡找到使自己更好的部分，使自己更完整、更強大，並推動著兩人都更上層樓。

人年輕的時候總是會幻想有個「夢中情人」，但夢中情人未必存在於這個宇宙之中，就算有，也未必能與你相遇、戀愛。相較於虛無縹緲的夢中情人，「理想的自我」卻有很大的機會可以掌握在自己手中。你希望自己擁有什麼樣的本質，並且透過這個本質去追求，去爭取外在條件的配合，就算外在無法達成理想型，至少你可以擁有一個真實而完整的自己。

擁有更好的自己，與尋覓夢中情人，絕對不是互斥的。愛情當然需要配合，但不是無底線的配合，就算是配合對方，也要讓對方知道這一切都不是毫無理由的。愛情很重要，但愛情不是全部，在愛情之前，人人都應該先擁有自己。

「忠」是《論語》中孔子不斷強調的美德，孔子本人常常說要「忠信」。所謂的「忠」，並不是完全以對方的意願為主，徹底的放下自我。相反的，「忠」是真誠的面對自己的內心，去執行心中認為正確而應該做的事。將這樣的心意執行表現在外，使內在的心意與外在的言行一致，則是「信」。

換言之，自我的「內」與「外」可以彼此信任，言行沒有違背心意，也不自我欺騙，就是「忠信」。

愛情也是如此，愛情不能愛到沒有自己。在愛情關係中，任何時刻都不能放棄自己的內心，不能用外在的、形式的言語或行動，去取代內心的愛。愛一定是發自內心的，就這個部分來說，愛其實是相當自我的，貫徹自我的愛，其實也就是孔子「忠信」的具體而微。

不習慣反覆思辨彼此真心的人，常常習慣從外在條件一刀切開，用「你如果這樣，一定就是那樣」的簡單方式去辨別愛情。如那位學生一樣，不跟他同居，是不是表示不夠愛他？這個「同居」可以換成許多別的事情：不跟他親熱，不跟他一起打電動，一起追劇，一起逛街，好像「愛」有許多必要條件必須滿足，才能稱得上是愛。當然不是，任何人用理性思考都應該知道，不同居、不親熱、不一起做些什麼，不代表不愛。每個人對愛的外在需求都不一樣，那麼在要求別人之前，是不是更應該瞭解自己？是不是應該好好的問一問自己：

對於愛，我「真正的」需求是什麼？

跟前幾節我們聊到的一樣，外在條件可以指向內在的本質。為什麼厭惡、渴望同居？向內去探索，會不會是因為我只想談戀愛，覺得多餘的家庭關係麻煩又惱人？會不會是我欠缺安全感，所以希望趕快把他綁在身邊，無時無刻不緊抓著他？

「忠」的一個解釋是「盡己」，如果對自己的認識不夠完整，不去面對自己的真實，那樣的愛很容易流於表面，如同用標籤定義自己一樣。不能說：因為我跟他同居了、親熱了，我認真跟他一起追劇、玩手遊，瞭解各種哥吉拉模型了，所以我很愛他。不是這樣的，這些你表現出來的言行，都必須發自內心。

雖然我厭惡面對他多餘且麻煩的家人，但我也想從他家人身上看到他更多可愛之處，所以我搬進去住了。或者說，我愛他，但同居對我來說太痛苦了，無法用愛抵銷，為了我們的戀情，所以我必須拒絕。

盡己之後，是心與言行之間的「信」。「信」就是真實不欺瞞的意思，可以簡單分為兩種：一種是大家更熟悉的，與朋友交而有信，也就是自我與外在來往的時候，言行保持一致，值得信任。另一種就是這裡強調的，外在的言語、身體行動，與內在的心意的一致。孔子的「忠信」其實包含了兩者，從內心到言語，從身體行動到與他人來往，全部都真誠可信。

有完整的自我，盡己的「忠」，才能與他人建立有來有往的情感互動。但「忠」不能沒有「信」，不然容易流於情緒勒索，出現這樣的話語：

如果不是為了你，我才不要住進你家，你爸媽麻煩死了！

如果不是為了你，我才不來這裡看無聊的展覽！

如果不是為了你，我才不會變成這樣！

既然不要，那就要溝通，雙方必須找到包容與妥協的方法。盡己之心，然後如實的表現在外，在愛中表達、付出、溝通、平衡。愛情的忠信之道，不是只有無條件付出而已，也不是內外不一，做著自己無法接受的事，說著自己都不認同的話。

如果單講一個人的人格，那麼孔子「主忠信」。不過，如果要講與人相處，尤其是談戀愛，那麼「恕」之道就必須突顯出來。也就是曾子所詮釋的「忠恕」，我們下一單元再繼續聊。

《論語》

子以四教：文，行，忠，信。

子張問崇德、辨惑。子曰：「主忠信，徙義，崇德也。愛之欲其生，惡之欲其死，既欲其生，又欲其死，是惑也。」

子張問行。子曰：「言忠信，行篤敬，雖蠻貊之邦行矣；言不忠信，行不篤敬，雖州里行乎哉？立，則見其參於前也；在輿，則見其倚於衡也。夫然後行。」子張書諸紳。

換位思考，愛你更要理解你

我有一對夫婦好友，某次與其中一位朋友聊天，他抱怨伴侶道：「他寧可坐在山上對小溪發呆，也不願意跟我出去散散步逛逛街！」

又一次與另一位聚會，他也抱怨伴侶道：

「工作累得半死，想去山上釣魚紓壓，這樣很過分嗎？」

我沒問他倆還愛彼此嗎？因為那是顯而易見的，他們彼此在乎，也彼此照顧，連我這個外人都感覺得到愛。那麼為何會有這些抱怨？

人世間多的是這種關係越親密，心意越疏遠的故事，站在旁觀者的角度看別人，多半會覺得這些小事有這麼難嗎？你去逛街我去釣魚，或我先陪你去逛街，晚點你陪我去釣魚，這根本不需要什麼張子房或諸葛亮的智慧，我萬分之一個臭皮匠的腦袋就知道了。

但是身在局中，就是會覺得為什麼要拿這些小事來吵架？為什麼你不能理解我？

事實上，理解他人就是沒這麼簡單，而且也未必是小事。再說一個「不是小事」的另一個故事：多年前有個學弟愛慕同校的同學，但告白不成，先是變成苦苦糾纏，後來變成跟蹤尾隨，並對愛慕對象周邊所有朋友極盡騷擾之能事。後來事情鬧大了，這位學弟不得已進了警局，上了法院。但他始終無法理解：為何自己痴心如此，對方卻如此回應。

換個角度來想，別說理解另一半或愛慕對象了，那個從小養育你長大的父母，你覺得他們理解你嗎？

我們是什麼時候開始覺得自己跟父母有隔閡的？我不是心理學家，只能以我自己的經驗來說，那大約是青春期前後吧！在自我的「心」與「身」都逐漸獨立的時候，對外在世界的應對進退逐漸從簡單的刺激反應，演變成日益複雜的思辨、抉擇與實踐。在有了獨一無二的人格之後，互相理解的困難度也就增加了。

我的經驗未必能適用於每個人，但「完整自我」與「理解外在世界」這兩件事應該是相輔相成的。上一個段落講「忠」與「忠信」，人要有真實且完整的自己，因此可成為一個不可取代的存在。但在人際相處這部分，做到「忠」的話，只算做到了一半。因此當孔子說自己立身處世有「一以貫之」的原則時，曾子替孔子說了一句極為著名的話：

「夫子之道，忠恕而已矣。」

「忠」不是放棄自己，完全以對方的意念為中心去做事，而是真誠的面對自己，去作自己認為應該做的事，也就是所謂的「盡己」。「恕」呢？孔子談「恕」也不是簡單的寬宥、原諒對方而已，「恕」是完整的理解對方為何如此，唯有理解，才能真正做到寬恕。

理解對方的基礎，在於換位思考，不斷的用自己的心靈去感受、去接近、去體會對方的處境，也就是「推己」。

古人相信所有的人都有共通的本性，雖然外在條件，如父母、家庭、成長過程有所不同，但由於內在的心性有一樣的本質，因此溝通與理解可以透過反思自我而做到。對於「恕」，孔子有個簡單易懂的解說：

「己所不欲，勿施於人。」

正因為我們相信心與心之間必然有相通之處，所以可以嘗試站在對方立場來思考。在這種情況下，我不喜歡的，便不能強加在他人身上，因為他也可能不喜歡，這就是相互理解的第一步。

「己所不欲，勿施於人」說起來簡單，卻是最容易被忽略、被遺忘的德行。只在乎自我的人如果遇到不喜歡的東西，丟掉便是。但一個努力實踐「恕」道的人，則不得不多想想：這個被我丟棄的，排斥的事物，會不會因為我而有另一個人不得不去承擔？

不止是「己所不欲」而已，「己之所欲」也是一樣。喜歡的事物，索要、取走就是了，但是索取時候，有沒有多想想：這個被我拿走的事物，會不會因為我而有另一個人不得不承受著失去？

不想要承擔、不想要失去，反而要多想想別人的情況，這個「多想想」正是恕道的精髓。為何寧可對小溪發呆？會不會是散步逛街會取走他遠離人群，享受純然自我的時刻？為何想與伴侶一起出門走走？會不會是想用愛來解決伴侶工作勞累的心？推己及人，便能找到詢問、貼近對方心意的切入點，從而找到更好的相處之道。

將恕道完全拋棄，將「作自己」全面的覆蓋到所有人際關係上，就無法發現為何一片痴心會被視為騷擾，愛意會換回嫌棄。

「恕」是一生都必須努力的事。外在世界複雜多變，各式各樣的人，各式各樣的狀況，需要不斷的去理解。隨著自我的成長，會獲得更多的經驗與體悟，對他人的理解可以因此更深刻、更細緻，才能完成各種不同層次的人際互動。與此同時，「恕」之道也會不斷的將外在世界回饋給內在的自我，每一次的「多想想」實際上都是一個反省與思辨的過程。

換言之「推己」必然要先「盡己」，但「推己」又能進一步的完成「盡己」。「恕」能使「忠」更完整的實現，理解別人能使自己變成一個更豐富、更具魅力的大人。

不斷的去理解別人，人不會心力交瘁嗎？正因為如此，我們要從最在乎的，最親近的人開始。古人因為如此，特別強調「孝」與「悌」，也就是從父母、兄弟開始。但古人也從未忘記愛情，《詩經》以求愛的〈關雎〉開篇，正是如此。

愛情不僅是一種情緒，一個渴望擁抱的衝動而已，更是一個過程。在一場或多場愛情的旅途中，藉由呈現真實的自己，去理解另一個獨一無二的個體，順利的話，可以尋求親密共存、互信互助的相處之道。如果不順利，甚至走到了疏遠、分離的路，也能從中發現自己的「所欲」與「所不欲」，進而擁有更完整的自己，去面對下一次的人際互動，或下一場美好的愛情。

真誠的面對自己，真實的去表現自我，同時努力的去理解他人，接受他人。愛情之道，處世法則，由內而外一以貫之，豈不就是「忠恕而已」？

《論語》

子曰：「參乎！吾道一以貫之。」曾子曰：「唯。」子出。門人問曰：「何謂也？」曾子曰：「夫子之道，忠恕而已矣。」

子貢問曰：「有一言而可以終身行之者乎？」子曰：「其恕乎！己所不欲，勿施於人。」

可靠的且可被驗證的愛

幾年前與兩位好友聚會，那時新聞正熱議著某公眾人物的出軌消息，而這位公眾人物努力挽回原本戀情的公開發言也成為我們聚會的談資。其中一個好友有個愛情長跑多年的伴侶，正打算幾年內要結婚，說：

「明明還愛著，卻跑去出軌，腦袋是有多不清楚？這種後果上摩鐵前就知道了吧？」

另一個朋友經歷過類似情況，就很快的回話說：

「一時衝動很難避免，那時候才不會想後果怎麼樣呢！」

「不不不，在所有衝動來臨之前，就應該把所有失去的可能都設想過一遍，不但要避免外遇，還要避免無法承擔後果的衝動，才是長久之道。」

「你就不要有一天自己遇到。」另一個朋友用一種又挑釁，又無奈的口氣，認真的對著那位快要結婚的朋友這麼說。

「這世界很多事情我不能控制，但如果連自己要不要外遇都無法控制，那也太悲哀了。」

前面講「忠」的時候有約略提到，「信」可粗略分為兩種，一種是言行與內在心意的一致，是個人的，孔子的「忠信」，以及後面還會提到孟子講的「有諸己之謂信」屬於這種。另一種信則是自我與外在來往的時候，言行一致，值得信任，是群體的。雖然說是兩種，但實際上是一體兩面，從心意到言語，從言語到行為，再從行為回去驗證言語與心意，都實在且不虛假，便是一個可信的人。

如我這位深情的朋友，他確認自己的心意，同時也努力的確認自己的行動，讓自己不被一時的意亂情迷所擺布。在這種情況之下，一個「主忠信」的人，自然也是一個值得信賴的人。

「悔不當初」這種情況在人生當中屢見不鮮，幾乎無人不有，愛情當然也是如此。愛情的發生來自於各種特質的吸引，未必一開始就存在著互信的基礎。情侶之間多半要花幾個月、幾年來建立信任，比較沒安全感的人在還不能信任對方之前，甚至會抗拒同意愛情關係的建立。

「信」在《論語》中被強調過許多次，在各種古籍中也被視為人與人之間來往最重要的原則之一。「信」的重點在於可被驗證，孔子說要透過「聽其言而觀其行」來檢驗一個人的品格，不能只聽他說話，還要從他的行為去驗證他。而朋友之間則要透過「信」來形成交往的基礎，君子必然是值得信任的，而曾子更每天反省自己是否值得朋友的信任。

古代對於「守信」的要求比現代人要高得多，畢竟那是個通訊不發達的年代，現代人約了時間聚會，臨時有狀況遲到個幾分鐘，趕緊透過網路發個訊息就解決了。古人可沒這種方便的科技，一旦定下約會，除非遇上生死大事，都非赴約不可，因為除了見面，再無表達情意的方式。

拜科技之所賜，現代人對於「守信」多了許多寬容，但可被驗證的信任依舊是人際關係中必要的。親密關係尤其如此，否則出軌外遇不會變成情侶分手的主要原因之一。可被驗證的信任並不容易建立，要破壞卻很簡單。多數的情侶會以「愛情的排他性」，也就是「不二」來驗證愛的存在，因此一次「情不自禁」就足以讓一對如膠似漆的愛侶從此形同陌路。當然也有些情侶不以「不二」建立互信基礎，允許對方各自尋覓情感或性欲的滿足，這種開放式關係沒有外遇會破壞信任的問題，因為他們並不透過「不二」來驗證愛情。但可能依舊包含了其他的檢驗方式來交付彼此的信任。

愛情的信任未必建立在戀愛對象「不二」的承諾之上，然而有些人會用模糊不清，甚至虛無縹緲的話語來避免被驗證，創造可信任的假象。如：

「等我賺了錢，要在鄉下買一塊地自己蓋房子。」

「我一定會帶你去環遊世界的，再等我幾年。」

「未來的事情很難說，但我現在最愛的是你。」

諸如「我要為你摘星星」、「直到太陽熄滅我都愛你」這種甜言蜜語，傳進熱戀情侶心中讓人喜孜孜的，或可稱之為「哄」，未必是真的要取信於人，那就沒有驗證問題。但有些話語刻意遊走於甜言蜜語與承諾之間，逃避了被檢驗的責任，對情感的破壞往往是緩慢而不可逆的，威力未必比一次外遇來得輕微。「等我賺了錢」、「再等我幾年」要等多久？「現在最愛你」沒錯，但等一下看到另一個人就不愛了。

「信」的反面不是虛假或謊言，而是無法驗證。

我有個朋友與他交往多年的愛侶離婚分手，大家都十分訝異，畢竟他倆生活穩定，情感和諧，外貌與家庭也十分登對，兩人也沒有任何出軌或外遇的情況。後來輾轉詢問其中一人，他悠悠的說道：

「好幾年前說好了要一起存錢，一起出國留學，然後一起回來結婚創業。但幾年過去，我已經放棄了幾次出國機會，他卻一動也不動。」

事實上另一人並非「一動也不動」，只是他欠缺大破大立的勇氣，不得不花更多的時間累積資本。但無論如何，對方等不了，那些承諾就算不是謊言，無法被戳破，卻也無法驗證，也就失去了信任。

「信」是人際互動最基本的德行，有了信的基礎，才能進一步展開情感互動。但信不是什麼最高德目，與孝、悌、忠、恕等不能並列，在孔子眼中「言必信，行必果」的人稱不上什麼偉大的人，頂多就是勉強還可以。孟子甚至說：「言不必信，行不必果，唯義所在。」認為重點是做適宜且正確的事，未必一定言出必行。

如果「信」沒那麼重要，那這一篇前面說了那麼多，難道都是廢話嗎？倒也不是這樣。信任確實是人際關係的基礎，但世界紛紛，人事變化，隨著時間與事物的推移，死守著承諾反而失去變通。

讓我們再度回到最重要的本質，真正需要被反覆驗證的，永遠都是心意的部分。朋友言而不信，但他的「不信」如果來自於誠懇的為朋友著想，來自於最合適、最正確的抉擇，那麼言行之不可驗證，反而驗證了真摯的友情。

愛情當然也是，過去的承諾無法做到，但始終呵護著、愛惜著對方，雖然摘不到星星，但愛情依舊被驗證著。

說到底，「信」依舊要「忠」，要「恕」。所以有些人可以原諒另一半的出軌，因為他相信被破壞的信任可以重新建立。有些人甚至感謝著愛情關係中的出軌，使得他們可以重新檢視這段關係中的本質。出軌的人與小三從此白頭偕老是有的，被劈腿的人因此從無愛的關係中解脫出來也是有的。

說好的一起奮鬥，但兩人預期的時間進度不一樣，有人選擇拋下對方，也有人選擇拋下自己。無論如何，那正是認真的盡己、推己之後的結果。認真的盡己、推己，那正是「忠信」。

忠信的人，必然是可靠的，而且他的心是不畏懼被反覆驗證的。

《論語》

子曰：「始吾於人也，聽其言而信其行；今吾於人也，聽其言而觀其行。……」

子曰：「人而無信，不知其可也。……」

曾子曰：「吾日三省吾身：為人謀而不忠乎？與朋友交而不信乎？傳不習乎？」

子貢問曰：「何如斯可謂之士矣？」子曰：「行己有恥，使於四方，不辱君命，可謂士矣。」曰：「敢問其次。」曰：「宗族稱孝焉，鄉黨稱弟焉。」曰：「敢問其次。」曰：「言必信，行必果，硜硜然小人哉！抑亦可以為次矣。」曰：「今之從政者何如？」子曰：「噫！斗筲之人，何足算也。」

笨拙直率與禮數周到，今天你要選哪一道？

與大多數人一樣，許久許久以前，在我還是個不到二十歲的少年時，特別喜歡詢問熟悉的學長姐們怎麼開始戀愛的，想著能在其中學到些什麼。

那時有個學長待人真誠，心胸也寬闊，常常規劃帶著一群人一起出去玩，很受大家信賴，只是情路不怎麼順利，單身了幾年。

學長曾經喜歡某大家也都熟識的學姐，向來呼朋引伴一起出遊的他，一日怯生生的拿著兩張博物館特展的門票，害羞的蹲在學姐的桌子邊，詢問要不要兩人一起去看展覽。

學姐不討厭展覽，只是也沒到非常想去的地步。而且學長的心意再明顯不過，雖然覺得學長笨拙的可愛，但為了避免誤會，也就委婉的拒絕了。

另一個朋友的故事則是另一種樣貌。忘記是跨年還是聖誕夜之類的，總之我們一群人約了聚會，這位朋友那時單身，臨時帶了個異性「好朋友」一起來。大家感情好，自然輪番上陣拷問，沒想到這位「好朋友」從頭到尾大大方方的，見招拆招，不逾越分際，也不支吾搪塞，笑瞇瞇的與我們打成一片。重點是，他知道我們在朋友家聚會，貼心的提前準備飲料茶點，還帶了可以大家一起玩的遊戲來同樂。

大家當然都看出來這位「好朋友」頗有追求之意。散會之後，所有人紛紛表示：這人值得交往，甚至誇張的說可以結婚了。後來果然兩人順利在一起，甜甜蜜蜜的。

從前我總以為，想要收穫愛情，就要像那位貼心「好朋友」那樣，對心儀的對象投其所好，八面玲瓏，各方面都照顧的服服貼貼的。但年紀增長之後，才發現青菜蘿蔔各有所好，笨拙的真誠，不輸給聰慧的應對。有時過度周到的禮數反而讓人摸不清頭緒，太過嫻熟，甚至習慣嫻熟，還有可能引起誤會。

但這不代表笨拙是應該被接受的，愛情關係是人際關係的一種，而沒有任何一種人際關係是可以逃避學習禮貌的。

心中的情感未經修飾的表達出來，不拐彎抹角，乃至於考慮不周，可以稱之為「直」。我們常用直率、直來直往形容這樣的人。我特別喜歡臺語中「戇直」(gōng-tit) 的說法。「戇」在臺語語境中多半是負面用語，如「戇呆」(gōng-tai) 形容人蠢笨痴呆，「戇神」(gōng-sîn) 說人恍惚失神。但「戇直」卻是正面的，形容一種憨厚、無心機的正直。

孔子對於「直」的看法很接近這個「戇直」，所謂益者三友：「友直，友諒，友多聞。」諒是誠實，多聞是見多識廣，而「直」就可以用憨厚無心機來解釋。

「直」除了直率之外，當然也有「正直」的意思，但《論語》中的正直不只是法律或合乎眾人之利的，坦率面對私人情感並加以實踐，其中也是有「直」的。《論語》中有個著名的故事：某人跟孔子說：「我們這邊有個正直的人，爸爸偷了羊，兒子會出來作證。」孔子卻回答：「我們這邊的『直』跟你們不一樣，父親為孩子掩飾，孩子為父親掩飾，這其中也有『直』。」

笨拙、真誠、直接了當的情感表達，這種戇直的愛，不論古今，總是有討人喜歡的部分。談戀愛大膽直接，雖然顯得笨拙，倒也不失為一種真誠的可愛。

要注意的是，有話就說，想做就做未必就是直。把別人的隱私隨意的說出來，甚至刻意的去散布，那叫做「訐」（ㄐㄧㄝˊ）。孔子的弟子子貢，就特別討厭這種把「訐」當作是「直」的人。我想這樣的人應該也沒人會喜歡吧？

另外還有一種人，看起來坦率直接不拐彎，但實際上內心並不是真誠的這麼想，表裡不一。這種人叫「狂而不直」，最好遠離這種人，自己也不要變成這樣的人。

在情竇初開，面對心動對象不知如何是好的時候，來個直球對決，戇直的去嘗試，就算失敗了也不討人厭。但這種作法跟「忠恕」不一樣，未必值得一生奉守。情感發自內心之後，要學習如何表現出來，理想情況是既傳達了情意，也顧全了表達方式，雙方都不覺得被冒犯，也無須感到羞愧。

這種理想的表達方式就是「禮」。

簡單的說，「禮」是一種約定俗成，用以傳達心意的特定言語、行動或儀式。打個比方來說，傍晚回到家，走進家門見到家人的那一刻，對坐在客廳的家人們說聲：「我回來了」，家人們也說聲：「你回來了」。可能有人會覺得：都見到面了，當然知道已經回來了，那還講這些話幹嘛？然而多了這句話，可以快速的表達許多意涵，包含了報平安，包含思念家人的情意，出門多少是有風險的，回來打個招呼，就能把一份擔憂放下，因此也包含了「如今我們在一起」的安全感。

把心意講出來就好了，何必這麼麻煩？那也沒錯，有話直說，那是「直」。你可以一回到家就找到家人，不管是父親、母親或伴侶，立刻給他一個擁抱，說我今天好想你。如果你家人也覺得這樣很好，你每天都很思念家人，所以每天都這麼做，那也會變成一種「禮」。那如果對方不喜歡這麼多肢體接觸呢？如果對方覺得太多了怎麼辦呢？那就簡單一些吧！出門的人說句「我回來了」，在家的人說句「你回來了」，大家都能接受，都覺得足夠表達了，「禮」也就形成了。

隨著時間的推移，透過忠恕的實踐，擁有讓身邊所有人都感到舒服、自在的言行舉止。讓愛慕的人感受到心意，卻不覺得尷尬或被冒犯，甚至讓對方周遭的所有朋友都有同樣的感受，那便是「禮」的力量。

禮是互相的，不是單方的「直」可以完成的，是忠恕之後的綜合表現，是需要觀察與學習的。孔子說「直而無禮則絞」，「絞」是兩條繩子緊緊的擰扭在一起，意思是說：太過直接急切的表達，會讓雙方太過緊迫沒有空間。因此需要學習「禮」，用合適的相處模式彼此對待。

但「禮」畢竟表現為外在的作為與儀式，如果失去了內在的心意，那反而流於虛偽。你回到家，不會希望家人一邊玩著手遊，連你是誰都搞不清楚，心不在焉的問好。你與情人約會，會希望他全心全意的陪著你，而不是敷衍的說愛你，卻把心思放在其他人身上。最好的情況是心意與形式互相匹配，所謂的「文質彬彬」。

「直」與「禮」是有先後關係的。以談戀愛來比喻，剛剛從朋友轉變為情人時，許多禮的互動尚未建立，要更直接一些才能讓對方知道。諸如不喜歡玫瑰花，更喜歡香水；喜歡一起散步，甚於開車夜遊。明白表達出來，才知道兩人的需求與期待，這階段可稱為「先進」，孔子用「野人」來比喻。

相對的，相處久了，對彼此的習性了然於胸，如聖誕節要預先訂好餐廳，紀念日不用買禮物，但要再說一次「我願意」，諸如此類。情侶、夫妻之間互動所謂的「儀式感」其實也就是一種禮，用來表達不變的心意。這階段可稱為「後進」，孔子則用「君子」來比喻。

野人與君子，看似君子更好，但有趣的是：孔子說如果要用「禮」，他更喜歡「先進」時期，那種笨拙的，情意滿出來卻不知道該如何表達的階段。

我想孔子是對的，真摯的感情要走得長久，要成為君子，必然要有禮來維繫。但久了以後，最值得回憶的，最美好的，卻往往是開始時那些不知所措，那些爭執、哭泣與和好。

關於「禮」，古代的這些老師們以荀子講得最好，之後還要請荀老師來講課。

《論語》

孔子曰：「益者三友，損者三友。友直，友諒，友多聞，益矣。……」

葉公語孔子曰：「吾黨有直躬者，其父攘羊，而子證之。」孔子曰：「吾黨之直者異於是。父為子隱，子為父隱，直在其中矣。」

曰：「賜也亦有惡乎？」「惡徼以為知者，惡不孫以為勇者，惡訐以為直者。」

子曰：「狂而不直，侗而不愿，悾悾而不信，吾不知之矣。」

子曰：「恭而無禮則勞，慎而無禮則葸，勇而無禮則亂，直而無禮則絞。……」

子曰：「質勝文則野，文勝質則史。文質彬彬，然後君子。」

子曰：「先進於禮樂，野人也；後進於禮樂，君子也。如用之，則吾從先進。」

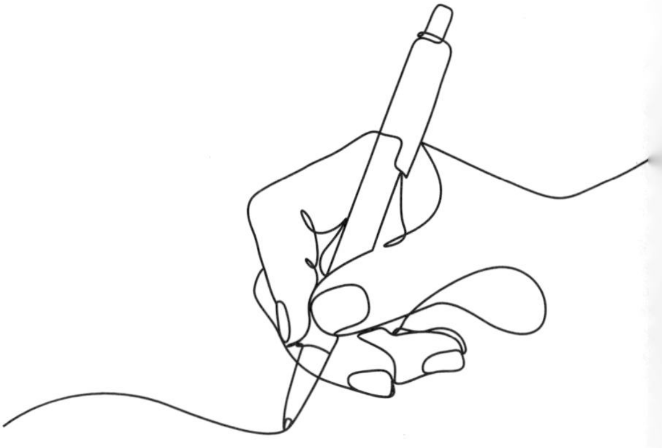

核心必修課

更好的自己

真誠的自己，真誠的戀人

一個非常用功且優秀的學生跟我說：「前些日子男朋友拿我跟另一個同學比較，認為另一個同學非常有研究潛力。然後我在某個領域特別不行，就這一點來說就輸慘了。」

這個學生說，聽到男朋友的這些話會讓自己感到沮喪，覺得不被肯定，好幾天都悶悶不樂。

我問：「撇開比較不談，你某個領域特別不行，是事實嗎？」

「是啊！有些事情不是我努力就可以的，更何況我本來就落後一大截。」

聽他這樣說，我不得不停頓一下，思考一下用字遣辭，然後慢慢的說：

「你會因為沒辦法跑得跟奧運選手一樣快而沮喪嗎？」

前面幾個單元有提到，人要先認識自己，去面對真實的自己，拿出來的愛才不會流於表面。然而我們應該如何去認識自己，去盡己呢？

一般來說，談戀愛必然有個對象，因為有個對象，心裡很容易將自己的某些反應歸因於他。打個比方來說：因為他送我花，所以我很開心；因為他跟其他人搞曖昧，所以我很憤怒；因為他拿我跟其他人比較，所以我很沮喪。

有趣的是：不論是開心、憤怒、沮喪，這些情緒都是從自己的內心裡發出來的，但我們卻常常把自己內心發生反應的主導權，交付給某些特定的人。但無論那個特定的人怎麼了，情緒總還是在自己身上啊！你的「心」為何交給別人來負責任？

我們揀擇對象談戀愛時，要盡量將他「外在的條件」指向某種他「內在的本質」，因為外在的世界變動太大，但內在的本質有機會維持穩定，可以作為這個人值不值得進一步交往的判斷標準。面對自己也是一樣，你對外在世界的善惡、愛恨判斷標準，是來自於你內在哪些本質的引導。前面提到，我們要忠於自己的意願，真實的去表現，同時也要努力的去理解他人，完善彼此的相處模式。那是人際相處的大原則，也是戀愛的基礎。

接下來我們要繼續向深處進展，好好的來認識一下「自己」了。

認識自己的真實，如果有值得信任的人可以協助是最好的，但那個人未必存在，就算存在也未必能即時陪伴。我認為最好的方法就是先明白自己的情緒所在，然後想辦法用抽離這個情緒的角度，不斷的自問自答：

「你會因為沒辦法跑得跟奧運選手一樣快而沮喪嗎？」

「如果沒有那個勝過你的人，你就不沮喪了嗎？」

「如果男朋友沒把比較說出口，你就開心了嗎？」

「男朋友說你各方面都是最棒的，這樣會開心嗎？」

「沒有男朋友講幹話，你就不會跟別人比了嗎？」
「你因為自己的真實樣貌而沮喪嗎？」
「你預期自己應該比現在更好嗎？」

與自己對話是一門重要的工夫，在情緒作用的當下，察覺到情緒，並立刻開始去追問自己這個情緒的源頭是什麼。

我自己的經驗是，一再的追問之後，會發現絕大多數的負面情緒都來自於「對於自己的不滿」，而不是「對於他人的不滿」。所以我常常會這樣問自己：

為什麼在乎這個？為什麼不在乎其他的？

當你把自己作為一個對象去剖析，去研究透徹之後，你就更能與自己相處，也更有餘力去與他人相處，去處理、面對、解決他人的需求與情緒。

「誠」是一個看起來簡單，但實際上要做到需要相當努力的一件事。現代人講「誠心誠意」，多半有個對象，用不欺騙、最真實的方法對待他。古人相當看重「誠」，尤其是儒家。在《禮記》中兩篇重要古代文章〈中庸〉與〈大學〉裡，都特別表示：「誠」應該拿來面對自己。

所謂的「誠意」，是無論身邊有無其他人，都不自我欺騙，都徹底的察覺，都對自己負責。

〈大學〉當中有著名的「八條目」，分別是格物、致知、誠意、正心、修身、齊家、治國、平天下。在「誠意」之前，還有格物、致知。「格」是「探究到底」的意思，格物致知簡單說就是探究物，而獲得智慧。後來的學者們對於格物致知中的「物」有不同意見，有人說是研究外在世界的道理，有人則認為格物的「物」應該就是自己。

不同意見各有千秋，我自己偏好這樣解讀：

「格物」就是與自己對話。

「致知」就是找到自己，瞭解自己。

「誠意」就是誠實的面對自我。

「正心」是用正確的心意去面對一切。

「修身」則是讓心意與言語、行動都有合適且善良的表現。

「齊家」則是讓自己的家人都感到舒適、幸福。

「治國」、「平天下」就不講了，這本書畢竟是戀愛課，先照顧好最親密的那部分就好。

透過格物、致知，徹底的檢視自己，瞭解自己，讓心在處理每個外在刺激時都從容不迫，這是古人非常重視的修養工夫，所謂「君子」，所謂「豁然大度」，都不外如此。而修養全在自己，不論是與人相處，還是自己獨處都要努力維持。尤其獨處時，更是一個人是否真誠面對自己的時候，古人稱之為「慎獨」。

但這也許也是人類的天性之一，我們的心對外在世界的興趣更大，渴望認識更多自己之外的事物，並且深受各種外界刺激的影響而不自知。說到這裡，大家不妨也再多問自己幾個問題：是否曾莫名的陷入煩悶？是否感受到自己的緊張反應？你的興趣喜好滿足了自我的哪個部分？為了什麼而一時衝動？是否發現自己的意亂情迷？是否懊悔自己缺乏自制力下所做的抉擇？

是否將自己的情緒反應，丟給外在世界負責？結果錯失了美好姻緣而不自知？

〈大學〉當中有一句話：「君子有諸己而后求諸人。」「后」同「後」，君子應該先好好的審查自己，之後才能審查他人，也就是孟子說的「反求諸己」。這麼解釋有點太八股了，感覺接下來就只能說些己立立人，己達達人之類的大道理。但既然是戀愛課，請容許我誤譯這一句為：

君子要先發現自己、擁有自己，然後才能找到理想的戀情。

修養真誠的自己，才能吸引到真誠的戀人，才能明白如何坦誠相待，才能規劃幸福的相處之道。

《禮記・大學》

古之欲明明德於天下者，先治其國；欲治其國者，先齊其家；欲齊其家者，先修其身；欲修其身者，先正其心；欲正其心者，先誠其意；欲誠其意者，先致其知，致知在格物。物格而后知至，知至而后意誠，意誠而后心正，心正而后身修，身修而后家齊，家齊而后國治，國治而后天下平。自天子以至於庶人，壹是皆以修身為本。其本亂而末治者否矣，其所厚者薄，而其所薄者厚，未之有也！此謂知本，此謂知之至也。

此謂誠於中，形於外，故君子必慎其獨也。

是故君子有諸己而后求諸人，無諸己而后非諸人。所藏乎身不恕，而能喻諸人者，未之有也。

追求什麼？追求戀人，還是追求愛情？

我跟那些平日調皮搗蛋，沒大沒小的學生多半感情不錯，有時催促鼓勵他們讀書，有時則與他們開些無傷大雅的玩笑。某日一個學生神祕兮兮的跑來找我，閒話沒幾句，幾度欲言又止，我開玩笑說：

「幹嘛支支吾吾的，你要去跟誰告白啊？」

「唉，老師你怎麼知道？」

「難怪，平日臭屁話多，今天憋的要轉性了。」

「老師，我該怎麼追人家啊？」

「我就說吧！別老是毛毛躁躁，嘛留些給人探聽。」

追求愛慕者，或如何面對愛慕者，對很多人來說是一件不知如何拿捏尺度，甚至不知如何是好的事。尤其是那些情竇初開，經驗不甚豐富的少男少女們，常常令人好氣又好笑。正因為如此令人困擾，所以有彆扭幼稚的，有狂妄自大的，有惱羞成怒的，更有沒病亂投醫的。送早餐、出入接送、抄筆記、修電腦、換燈泡、打蟑螂，被戲稱為工具人仍不知其心意者，所在多有。

為了處理這個困擾，坊間因此出現了不少約會、搭訕、戀愛的補習班、課程或書籍。有一些是正派經營，以充實自信，豐富社交生活為主軸，比如說：咳咳，如《先秦諸子戀愛大師班》這樣的好書。但也有一些是透過人性的弱點與話術，以愛情為名，去孤立並控制他人，並常有誘騙上床的企圖。比如說某些搭訕達人（Pickup Artist，簡稱 PUA）的教學指引。

「求」是為了「得」，「追求」是為了「收穫」，那為什麼如此困難？問題在於我們常常陷入了幾個誤會而不自知。首先不妨思考一下，自己到底追求對方的什麼東西？舉幾個例子來說，在愛情裡我們往往渴望擁有這些東西：

1. 戀人的「名」
2. 愛的承諾
3. 親密接觸的意願與許可
4. 各種程度的占有
5. 未來的可能性

一般來說，「名」牽涉到與「實」的連結，介紹「這是我的男／女朋友」跟介紹「這是我朋友」，所指涉的情感關係不同。有些人最在乎的是「名」本身，對他來說關係的「頭銜」是重要的，兩人是否為了戀情做出某種犧牲或占有，反而無所謂。有些人則追求愛的承諾，不是情侶沒關係，只要你是愛我的，我不是名義上的戀人也沒關係（至於什麼是愛，可能又另有定義）。又有人追求的是親密接觸，諸如牽手、擁抱、接吻、上床等，不一而定。也有人追求的是補足自我未來的重要組成，或成為對方未來發展的一部分。

在愛情關係中當然還有許多追求，這裡是列不完的。「求」本身就是一門學問，在中文當中，「求」有兩種含意：一種是對外在的索取、乞求或尋訪，另一種則是對自我的要求或期許。孔子說：「君子求諸己，小人求諸人。」就是說君子多要求自己，小人則要求別人。對自我的「求」是更重要的，所謂「反求諸己」，或「君子有諸己而后求諸人」。

但是，愛情一定要找到另一個人才能開始吧！如果只有「反求諸己」，那豈不是只能單身，沒有愛情了？在這方面，孟子提出了相當值得參考的原則：

如果你的追求，在每個階段都能掌握收穫，放棄追求了，也就失去了收穫，那是「求則得之，舍則失之」，所謂的「求在我者」。換言之你自己決定能否收穫，便是「求在我者」。

相反的，你的追求就算合乎常理，但到底會不會有收穫，卻受到外在環境的控制，或受限於他人的抉擇，那便是「求在外者」。

至於那些不合理的追求，如無止境的示好、乞求，乃至於跟蹤、騷擾，那已經接近犯罪，幾乎與愛情無關了。

簡單的說，你的所求是合理的嗎？是自我能夠掌控的嗎？如果這個收穫完全不是自己能掌控的，你是不是正追求著一個虛無縹緲的幻影，或全憑運氣才能得到的命數？如果是這樣，那麼這個追求便值得重新檢視。

所以我們陷入的誤會是什麼？「追求戀人」，與「追求愛情」，那是不一樣的。

任何一個「人」都不應該被當作可以被「收穫」的物品，任何一個「人」都理當擁有獨立的人格，自由的意志。因此當我們說要「追求戀人」時，實際上預設了兩種可能的情況：

其一：將追求的掌控權交付給自己無從干涉的他人，也就是「求在外者」。凡是求在外者，在追求的過程中，便不得不將自我的心懸在半空，苦等不知何時能降臨的回應，患得患失，緊張焦慮。

其二：是過分擴張自我的掌控權，以為自己可以透過追求得到另一個「人」。一旦收穫不如己意，便陷入巨大的心理落差，要嘛沮喪、憂鬱，要嘛失控、憤怒。

「追求愛情」則是另一種思考方式。「愛情」必然是包含自己的，不論對象是誰，你都擁有「求在我者」的部分。換言之，在追求愛情的過程中，不論最終結果是否圓滿幸福，至少你都擁有了更適合愛情的自己。

打個比方說，如果喜歡的對象熱愛音樂，讓你為了追求愛情而苦練樂器，那麼就算沒能得到青睞，你也收穫了音樂技藝。送早餐看似徒勞，但也許能讓你養成早起的習慣；出入接送則能讓你熟悉城市，發現更多不同的風景。不同的付出，只要你是抱持著「追求愛情」的態度，它就可以是有意義的，對自己是有收穫的。

在更多的嘗試之中，也能因此發現自我真實的喜好，累積更多層面的吸引力，更明白自己適合什麼樣的對象。

抄筆記、修電腦、換燈泡，更多的技藝，更多的付出嘗試，都可以找到「求在我者」的收穫。同時也能在其中理解與發現「他人」在乎什麼，想要什麼，是否與自己一樣，「恕」之道也在其中被實踐了。

人都喜歡自己的選擇，不喜歡被選擇。因此「追求愛情」就是讓自己成為那個最好的選擇，努力充實自己。不要小看工具人，如果他有意識到那些追求愛情的付出都將有收穫的話，工具人的另一個稱呼將是多才多藝，是體貼入微，是溫柔而強大。

「追求愛情」與「追求自我成長」又不一樣。追求愛情多半是有特定對象的，只是你的努力方向在於尋找更適合這段愛情的自我樣貌，同時在自己的世界裡，清理出一隅對方可以舒適與你相處的空間。

真誠實現美好自己的同時，也更努力去尋找對待他人最好的方式，這種努力，孟子稱之為「反身而誠」以及「強恕而行」。在先秦儒家的想法裡，道德實踐是包含一切人際關係的，但即使是尚未完整的兩人世界，你也能在追求愛情的過程中，因「反身而誠」有所收穫而感到快樂，在「強恕而行」的努力裡，實踐最合適的「追求」。

努力讓自己與喜愛的對象都更好，那是「追求愛情」。就算你無法成為對方最終的選擇，也不會只剩遺憾與空虛。

《論語》

子曰：「君子求諸己，小人求諸人。」

《孟子》

孟子曰：「愛人不親反其仁，治人不治反其智，禮人不答反其敬。行有不得者，皆反求諸己，其身正而天下歸之。……」

孟子曰：「求則得之，舍則失之，是求有益於得也，求在我者也。求之有道，得之有命，是求無益於得也，求在外者也。」

孟子曰：「萬物皆備於我矣。反身而誠，樂莫大焉。強恕而行，求仁莫近焉。」

我喜歡他，然後呢？

想起來是多年前的事情了，那時幾個學生總是一起來我研究室打打鬧鬧，說些言不及義的玩笑話。後來其中幾個學生走的特別近，談過戀愛的幾個好朋友看在眼裡，自然了然於胸，不免推波助瀾，就怕其中的呆頭鵝同學搞不清楚狀況。

沒多久，果然有個學生怯生生的來問我：「老師，到底什麼是喜歡？什麼是愛？老師有被緋聞弄得心煩意亂的時候嗎？」

我忍不住笑了出來，愛到底是什麼，真是大哉問。然後像我這種已婚的中年大叔，傳緋聞是超級可怕的事情，想來青春大學生是無法理解的。

聊了一下，大致上也就明白了他的困擾。簡單說就是他很喜歡跟大家在一起的感覺，其中若某同學在場更好。但他沒談過戀愛，也不敢有什麼非分之想，只是身邊的朋友很喜歡拿他倆開玩笑。他覺得原本這樣也很好，自在的說話，自在的相處。不知道再進一步會怎樣，可能會被拒絕，反而失去這份自在，然後朋友們肯定會更「兇狠」的開他的玩笑。

我跟這位同學說：有想更進一步的念頭，那就是「喜歡」了，然而喜歡之後，能不能進展到「愛」，那就要看你的處理方式以及對方的回應而定。每個人對「喜歡」與「愛」都可以有自己的定義與界線，只要你拿出去跟別人來往不出亂子就行。「喜歡」這樣的情緒很廣泛，你可以喜歡商店裡的玩偶，也可以喜歡身邊特別要好的朋友。但越是前進，一方面因獨占欲的驅使，另一方面也受限於個人的能力，就會不得不收束範圍。

越是親密的、核心的愛，就會越濃烈，數量也就越少；相對的，越是疏遠的、外圍的喜歡，就會越淡薄，但數量也可以越多。

這種情感上的同心圓結構，既是人情的自然現象，也是儒家企圖建構人倫秩序的根本。孟子將情感關係分為三個等級：

對於一般的物品，就算是喜歡的，該怎麼消耗，該怎麼捨棄，就會那樣去使用。這叫「愛物」，「愛之而弗仁」。

對於人民，則會有仁愛之心，會推己及人，會感同身受，然而不會像對待親人那樣。這叫「仁民」，「仁之而弗親」。

對待親人，才會有時時刻刻想要與他們靠近、親近的心情。這叫「親親」。

這三個等級由內而外，就是「親親而仁民，仁民而愛物」。

這本書講談戀愛，其實也是同樣的思維，只是在詞彙使用上不太一樣。愛惜物品，不忍損傷，但緊要關頭不會吝嗇使用與拋棄，那是「愛物」。喜歡身邊的朋友，不但不會傷害他們，更願意為他們付出，但不會想要與他們同住一屋，更不至於同床共枕，那是「仁民」這個等級。從「喜歡」進展到「愛情」，就是有了「親親」的心情，想要更接近一些，更親密一些，而不只是朋友而已。

說起來很簡單，但實際上就像前面的篇章說的，要真誠的瞭解這樣的心情，絕對需要一番理性的剖析：那份愛是純粹的嗎？是來自無可替代的內在本質嗎？還是單純只是著迷於某些，諸如美色、財物之類的外在條件呢？

我問那位為曖昧與緋聞而困擾的學生：你喜歡的是「普通朋友們」一起開心聊天聚會，還是喜歡「有特定同學在場」的聊天聚會？你想要的是逃避害羞的自尊，還是跟某同學更親近的感情？

把自己的情感搞清楚，如果真心喜歡這個人，那麼又何必害怕無傷大雅的玩笑？你怕什麼呢？怕的是你不願意弄清楚自己的情感，怕把話說清楚，怕友情變質，更怕面子掛不住。

那不用人家起鬨開玩笑，如果你害怕面對真實的自我，那麼你隨時都是恐懼害怕的。

孟子講「反求諸己」，把自己的心意搞清楚，是愛情的第一步，也是愛情的本質。追求愛情必然要從本質出發，這件事情非常重要，因為在愛情的旅途中，必定會受到某種程度的阻礙。包含了雙方的思維模式，生活習慣，乃至於與雙方的朋友親戚互動等等，不可能是毫無摩擦的。如果談戀愛的人們在「喜歡」跨越到「愛情」的那一步前，有確實的審查過自己的心意，那麼那個純然的，內在本質的吸引，肯定是善良的，在愛情旅途展開的過程中，就可以時常回頭找到愛的根源，然後持續前進。

如果我們把愛情比喻為人生，最初的也是最純粹的愛比喻為「性善」，那麼後面的追求與發展，無疑就是那本質「擴而充之」之後的結果。就像星星之火的燎原，涓涓細泉漫流成的大川，若火之始然，泉之始達。人常常會在旅途中迷失，或者忘記了原本的目的，或者因失望受挫而放棄，但有沒有原始的初衷，能不能回憶起開始時的美好，往往是能不能繼續走下去的關鍵。

孟子的性善論有兩個重要的關鍵，也值得所有用心經營愛情關係的人借鑑。一個是找到那個原始的，單純去「愛」的自己。另一個，則是「思」，也就是時時刻刻「反求諸己」，去思考那個愛的存在，不被其他外在的事物所蒙蔽。

如果愛情是感性的，那麼經營愛情，擴充而達，就需要理性且不斷的反思，每前進一步，都要思索這個抉擇是出自於愛嗎？還是基於其他利益呢？

利益並不是毒蛇猛獸，至少以愛情的角度來說，如果是有利於愛，倒不妨兩人共同經營之。重點在於會不會在追求利益的過程中失去了本心，遺忘了初衷。如果有一天發現愛情變質了，是否有足夠的智慧去修復，去重新找到遺失的愛？這幾乎就是愛情關係裡最困難的部分了。

《孟子》

孟子曰：「君子之於物也，愛之而弗仁；於民也，仁之而弗親。親親而仁民，仁民而愛物。」

曰：「耳目之官不思，而蔽於物，物交物，則引之而已矣。心之官則思，思則得之，不思則不得也。……」

愛情與麵包

有一回跟一個學生聊天，我隨口問到他交往了好一陣子的女友，沒想到他淡淡的說已經分手了。稍微追問一下，倒是理所當然的這麼說：

「他身上帶的永遠都是夜市買的便宜貨，爛包包、破鞋子、布料超爛的衣服。也不認真打扮，一起出門真的很不搭，還會被我身邊的朋友笑。」

「咦？你也知道他家境不好，每天打工賺生活費跟房租，哪有閒錢認真打扮自己？」

「我知道啊！所以我跟他說，我出錢幫他改造改造。沒想到他有點生氣，後面吵了一架，就分手了。」

經濟問題引起的愛情裂痕多半發生在結婚前後，我還真沒想到會在學生身上遇到。後續聽這位學生的陳述，對於前女友還是很掛心的，但總是過不去「窮女友帶出去很沒面子」這件事。

先前我們曾經聊過，談戀愛首先要談的是「愛」，沒有愛什麼都免談，有了愛才有一起克服難關的基礎。身為一個思想史老師，我當下便想到了《孟子》裡，孟子登場講的第一句話：「王何必曰利？亦有仁義而已矣。」按孟子的說法，「利」與「仁義」是完全相對且互相排斥的，當你用「利」去衡量事物時，「仁義」便會受到損害。如果孟老師聽到了我這位學生分手的原因，估計不免要說：

「汝亦曰『我愛你』而已矣，何必曰『利吾面子』？故愛情危矣。」

在這個故事裡，孟子或許說得沒錯，但我始終認為，「利」與「仁義」不應該是對立的，愛情與麵包也不應該是「魚與熊掌」不可得兼的仇敵。

再說一個常見的故事，或許不止發生在我熟悉的人身上。兩個原生家庭經濟狀況天南地北的人，在偶然的機緣下相遇並結婚了。結婚之後才是考驗的開始，出生富有的那一方在未必明白貧窮的滋味的情況下，來到了超乎想像的生活環境中。由於不甘於從此要跟著過苦日子，於是帶著另一半，拚命的互相鞭策，終於在十幾年後，過上了同時擁有愛情與麵包的新生活。

這樣的故事我至少聽身邊的人說過兩次，貧富性別還不一樣，顯然與男女性別無關。不得不說，上個世代這樣的故事特多，一方面那是個更加強調「吃苦耐勞」的世代；另一方面，沒有經過一番長時間的努力，還沒變成「長輩」的年輕人，也還沒抵達逆轉貧富差距的故事尾聲。

談戀愛有各種不同的談法，當然也有人談戀愛就非得在約會與裝扮上花大錢不可，但認為穿平價服飾逛夜市吃路邊攤才是真愛的，也所在多有。在戀愛議題上，讓我們再次確立核心：談戀愛肯定是「愛」優先的，有了愛才有可能克服——或是享受——沒有麵包的生活。相反的，如果人與人之間是以「麵包」為核心的結合，你根本不會去期待後續可能會長出「愛情」。

以「利」為核心結合的關係，大抵上不外乎公司行號或其他營利事業。現代社會裡的同事關係，或勞資雙方的整體關係，多半與「愛」無關。如果在那樣的關係裡被要求「愛」，那很有可能會是扭曲的，變成以愛為名進行勞務與薪資的壓榨手段。此外，現代社會大概也不會有人像孟子那樣了吧？大老遠的跑去跟公司大老闆說：「你何必一直談收益？只要有慈善就可以了。」

雖然愛情的起點不是麵包，但沒有麵包，愛情卻容易被消磨。如果愛情是一種精神上的理念的話，那麼麵包大概就是一種物質上的需求吧？有趣的是，先秦儒家雖然特別重視精神層面的價值，但面對知識分子（士君子）與一般老百姓（民）不同族群時，主張卻正好相反。孔子要求士君子「無終食之間違仁，造次必於是，顛沛必於是」，任何時候都是「仁」為優先；還說君子「食無求飽，居無求安」，就像孟子開口閉口都要人家不要談「利」一樣。但孔子面對老百姓時，順序卻是先求

「庶」，也就是先求生存，使人口增長；其次求「富之」，使人民財產增加；最後才是「教之」，使他們學習禮儀與仁義。

相較於孔子，孟子說得更直接了，他說：沒有固定產業卻擁有堅定不移的意志，那只有士君子才做得到；一般老百姓因為沒有固定產業，所以也不會有堅定的意志。所以在位者要先讓老百姓上可以事奉父母，下可以照顧妻子孩兒，豐收時可以吃得飽飽的，歉收時也免於死亡，這樣才能驅使百姓向善。如果反過來的話，老百姓連活著都困難了，怎麼可能還來跟你學習禮義。

如此說來，如果沒有足夠的麵包，是不是也免談什麼堅定不移的愛情了？

要這麼說好像也沒錯，身體狀況會影響心理狀態，飢餓使人焦躁，病痛使人軟弱，生活過的太糟，人多少都會有怨氣，長期的怨氣則會影響關係。談過戀愛都知道，熱戀猶如興奮劑，會讓人願意放下愛情之外的一切。但是熱戀必然是會退燒的，早期不以為意的那些生活困頓，時間拉長了會變成越來越不可忽視的考驗。就像令人愛不釋手的事物會使人廢寢忘食一樣，你總不能一直不吃不睡下去吧？

即便是常常講「舍身取義」的先秦儒家，也明白維持基本生活條件的必要性。然而這畢竟是極端情況，生活過不下去，跟追求更多的物質享受，根本上是不一樣的。這又回到了我們前面聊過的問題了，在一段親密關係當中，我們到底想要追求的是什麼？是面子？是財富？是長期飯票？還是真正的愛情？

長久的愛情不需要富到流油，即便不是士君子，經濟能力足以維持生活，工作之外尚有餘裕，那麼便可以開始在精神層次上努力。「愛」的本質還是很重要的，所謂的「恆心」，未必是堅定不移的「愛同一個人」，而是在日常生活的各種互動與摩擦中，永遠沒有忘記自己是因為「愛」而與這個人相處。如果有一天分開了，也很明確的知道，真正的原因是因為「不再愛」了，而不是因為「窮」，不是因為工作忙碌，不是因為沒有面子。

此外，儘管先秦儒家面對一般百姓都相當強調麵包的重要性，但撇開那些面對統治者的話語，讓我們再次回到自我的價值抉擇上：

身為現代受過教育的你，身為願意閱讀這本書的讀者，你是要當個有恆心的「君子」呢？還是當個無恆心的「民」呢？

《論語》

子適衛，冉有僕。子曰：「庶矣哉！」冉有曰：「既庶矣。又何加焉？」曰：「富之。」曰：「既富矣，又何加焉？」曰：「教之。」

《孟子》

孟子見梁惠王。王曰：「叟不遠千里而來，亦將有以利吾國乎？」孟子對曰：「王何必曰利？亦有仁義而已矣。……苟為後義而先利，不奪不饜。未有仁而遺其親者也，未有義而後其君者也。王亦曰仁義而已矣，何必曰利？」

曰：「無恆產而有恆心者，惟士為能。若民，則無恆產，因無恆心。苟無恆心，放辟，邪侈，無不為已。及陷於罪，然後從而刑之，是罔民也。焉有仁人在位，罔民而可為也？是故明君制民之產，必使仰足以事父母，俯足以畜妻子，樂歲終身飽，凶年免於死亡。然後驅而之善，故民之從之也輕。今也制民之產，仰不足以事父母，俯不足以畜妻子，樂歲終身苦，凶年不免於死亡。此惟救死而恐不贍，奚暇治禮義哉？王欲行之，則盍反其本矣。」

放閃曬恩愛的最高境界

差不多是我大學時所認識的一個朋友，年輕時身邊總是沒人，某些時候在我們朋友群中看過去總是有些寂寞。儘管如此，卻從沒聽過他羨慕別人談戀愛，就是一貫自在的好好過自己的生活。相反的，單身的他倒是常常聆聽戀愛的朋友們找他炫耀或訴苦，微笑面對別人愛情故事中的酸甜苦辣。

一轉眼三十幾歲，某日聽說他有了對象，好友們為他感到開心，卻也看不出他特別興奮。兩人的交往是跨越國界的遠距離戀愛，一年能見面的時間不超過兩個月，也看不出他特別沮喪。

又過了幾年，生了孩子，依舊相隔兩地，過著外人看起來非常辛苦的偽單親生活。我的這位老朋友，勤勤懇懇的在工作與家庭之間奔波著，偶爾帶著孩子與朋友們見面聊天，也沒聽見什麼怨言。跟從前一樣，微笑聽著別人的愛情與婚姻中的各種不如意。

前幾年，我那位老朋友終於夫妻團聚，一家人一起生活。當你以為他們分隔那麼久，夫妻或親子關係多少會有影響吧？但真的沒有。一群老朋友們各自有了家庭，一起帶著孩子出門踏青，他們一家人也是彼此體貼，親密無間。

我說：「跟你相比，我覺得我的生活真的沒什麼好抱怨的。」

人是會互相影響的，先別說什麼人格、品行之類的，在同儕之中，情緒的感染是最直接也最明顯的。當我們察覺到自己因身邊的人的情緒而隨之波動時，多半是因為那個情緒是強烈、濃郁，甚至是帶點負面的，如哀傷、憂鬱、憤怒等情緒。然而穩定而平靜的情緒，同樣可以影響身邊的人，久而久之，充實自信的自我，平和從容的情緒，便浸染了身邊的人，形成了堅定而不躁動的關係。

在各種感情的世界裡，不管是親情、友情，還是本書主要談的愛情，如果能遇到這樣的人物，無疑是一種幸運。如果沒能遇到，可以嘗試主動的去尋找並親近，孔子說：「擇不處仁，焉得知？」如果不知道要親近更好的人，那麼怎麼算得上是有智慧？孟子比孔子更積極一些，他認為凡事都要「反求諸己」，與其去親近好人，不如讓自己努力去成為那樣的人。

一個人是否能充實自己的善良，而改變身邊的人，孟子有一段非常有意義的評價方式，我特別喜歡這一段，讓我提前先把孟子的話引出來：

「可欲之謂善，有諸己之謂信。充實之謂美，充實而有光輝之謂大，大而化之之謂聖，聖而不可知之之謂神。」

這段話把人分為幾個層級，包含：

善：也就是「可欲」。心中浮現的念頭、欲想是好的，符合仁義的。

信：也就是「有諸己」。將心裡想著的仁義，用自己的身體加以實踐，使心與身一致可驗證。

美：也就是「充實」。以善、信充實自己每分每秒的生命，時時刻刻都不鬆懈。

大：不但「充實」，而且「有光輝」。善與信不但時時刻刻充實自己，甚至可以幫助、照亮別人。

聖：不但「大」，還能「化之」。在幫助、照亮他人時，更進一步的使別人也變成更好的人。

神：不但「聖」，而且「不可知之」。周遭的人變得更好了，卻完全沒有察覺自己受到了影響。

很多人把先秦儒家想得迂腐，總覺得他們把人想得太簡單了，不是君子就是小人，不是仁義就是利益。當然某些部分不得不說儒生們總有太理想、太欠圓融、太過一廂情願之處。但儒家喜歡講繁複且多層次的「禮」，在高舉理想之後，對於這理想之下人的各種不同樣貌，其實有極為細緻的觀察。

如孟子這一段，最後提到的聖人、神人不用說，肯定是指能移風易俗、教化百姓，堯舜等級的賢明君王。但即便是「言必稱堯舜」的孟子，也不要求人人都要當聖人，相反的，只要心裡面有好的念頭浮現出來，那也就是「善」了。當然有念頭是不夠的，要能透過言語以及身體加以實現，消除自我矛盾，也就是前面提過的「信」，才能算是真正善良的人，也就是孔子常常叨念的「主忠信」。

時時刻刻保持著善與信，用善與信充實自己的生命，那是「美」。孟子這個「美」字用的多好啊！一個人的「美」，不是外表的美，而是從念頭與行動開始，在日常生活中充實後，所展現出來的人格之美。

從「善」、「信」到「美」都是一種自我的修養，如果可以進一步讓周遭都受到幫助，猶如一盞燈發出光輝，照亮他人，那就是「大」了。如果有人因為你的「大」，被感召或被教導進而願意改變自己，那就是「聖」。若那人雖然因為你而改變，自己卻渾然不覺，那就是「神」了。

說真的，「善」與「信」都算不上難。路見不平，不論是面對老幼婦孺還是小貓小狗，見他們有困難而心生不忍，這一瞬間你就是「善人」。

如果有了惻隱之心，卻同時想著自己趕時間，要上學、上班，因此立刻決定若無其事的離開，那麼「善」雖瞬間出現，也就瞬間熄滅。然而，如果你願意伸手幫忙一把，或是打個電話尋覓可以提供協助的人，也許不用幾分鐘，確定他們得到幫助，你便實踐了你的惻隱之心，成了「信人」。

「充實」卻是個可以做到，卻沒那麼容易達成的門檻。打個比方吧！假設你散步時在馬路上看到一張無主鈔票，此刻四下無人，請誠懇的問自己：你會怎麼做？

我的母親曾經跟我說過一個故事：他小時候在路上撿到一個袋子，裡面裝了一疊現金，因此非常開心的跑回家跟我外公說。沒想到外公看到錢袋，把臉一板，說這筆錢搞不好是某戶人家的救命錢，趕快拿去附近的警察局。在那個純樸而相對貧窮的年代，如我外公所料的，那是某戶人家幾個月的吃飯錢，搞丟了接下來肯定三餐不繼，必須舉債度日。

媽媽說故事時我也還小。後來我上了小學，弄丟了一整週的午餐便當錢。不過是一張五百元的鈔票，但那時我突然深刻的想起了媽媽所說的這個故事。

當你在馬路上看到一張五百元鈔票時，你會浮現的念頭是：「啊！賺到了，爽！」還是會想到，可能有一個小學生，因為你的「賺到了」，而陷入一週沒午餐吃的困境？

善良的念頭並不難出現，難得的是就算沒看到，你也會習慣去想到，那就是「充實」。就算你沒看到小孩在午餐時間哭，也會想到路不拾遺。再更生活一些，就算你沒看到人行道上有輪椅族，有娃娃車，也會想到自己的臨時違規停車，會造成無心卻惡意的結果。

回到我們的戀愛議題。能夠把自己打理好，是談戀愛的第一步。打理好自己，那是善、信、美的層次，但想要談戀愛，總不能只想著被照顧吧？大、聖、神多少也是有必要的。除了打理自己，孟子這一套說法也能拿來跟愛情關係類比一番，只是有必要換個詮釋：

想起了交往中的戀人，想要為這段感情作些什麼，不是出自於自私，也不是出自於虛榮或利益，那就是「善」。

有了念頭，那就確切的表達愛意並付出行動，那就是「信」。

在錯綜複雜的人際關係當中，沒有一刻忘記自己的戀人，也沒有光說不練。永遠值得信賴，那就是「美」。

不但自己美，連帶著讓戀人以外的人，都能感受到這樣的美，覺得自己受益於這對美好的情侶，那就是「大」。

因為認識這樣一對情侶，使周遭的人想要學習他們，想要變得同樣有愛，同樣值得信賴，從而更努力的經營自己的感情，那就是「聖」。

從不特別教導別人如何經營關係，周遭的人也不覺得自己正在模仿或效法，卻不知不覺的改善了關係，那就是「神」。

說起來談戀愛要比仁政、王道、治國平天下容易多了。縱觀人類古往今來的歷史，真正能稱得上聖人、神人的領導者真的不多。但如果縮小範圍，從自己與身邊的人開始，從感情關係開始，美人與大人卻是可以實現的。我們就算無法在所有生活層面都永遠保持「充實而有光輝」，但或許可以為了愛，為了所愛之人，努力的往「大」邁進。

在愛情的世界之中，你至少要能輝照你的情人。如果你們兩人都如此努力照亮彼此，在他人面前就是放閃曬恩愛了。

不過，我認為放閃曬恩愛的最高境界，並不是使人羨慕或嫉妒，而是如這篇最前面的那個故事一樣。我與我的朋友們都因為感覺到某種堅定、勤懇、從容的愛情經營方式，忍不住心生嚮往，並默默的有所改變。

要放閃光，就放大絕，放得又久又溫暖，讓人感受充實而有光輝的愛，因此奮發努力。不知不覺的，為了經營一段如此美好的關係，去成為一個更好、更值得愛的人。

《論語》

子曰：「里仁為美。擇不處仁，焉得知？」

《孟子》

浩生不害問曰：「樂正子，何人也？」

孟子曰：「善人也，信人也。」

「何謂善？何謂信？」

曰：「可欲之謂善，有諸己之謂信。充實之謂美，充實而有光輝之謂大，大而化之之謂聖，聖而不可知之之謂神。樂正子，二之中，四之下也。」

青菜蘿蔔各有所好

有個朋友人緣挺好，見了誰都笑瞇瞇的，不但幽默風趣，對身邊的人也是照顧有加。可能因為這樣吧！他身邊的伴也是一個換過一個，認識十幾年來，每隔一陣子就要重新認識他的新情人。

另一個朋友也有類似的特質，人緣好，愛說笑，大家都喜歡他，他也願意為身邊的人付出。但差別在於這個朋友從認識起就有個穩定交往的情人，十數年來如一日，從沒聽說過他與任何人有曖昧。有了些年紀之後，自然也就結婚、生子，過著幸福的日子。

同樣是幽默風趣，體貼人心，有些人感覺特別多桃花，容易與人曖昧，有些人卻不會有這效果，總是沒半點情感糾葛。仔細思量當然還是找得出非常多人格與行事上的不同，但概括的說，外在表現出來的或許形似，但內在氣質卻可能有很大的差異。

人與人之間的相處也是有許多奧妙的。一般來說，最快速被認識的往往是感官所能掌握的。

外在條件，諸如身材、容貌、打扮等，其次則是談吐、姿態、動作，再其次則是職業、財力、家庭樣貌等等。然而「氣質」卻是往往可以超越感官所見。樣貌相似但氣質南轅北轍，或氣質接近但樣貌截然不同，所在多有。你說為什麼兩個人條件差不多，但人際關係甚至戀愛經驗卻相去甚遠？當我們去問談戀愛的人為何如此選擇時，有時候便會得到這樣一個答案：

因為「感覺」。

現代人說「氣質」，多半指這個人舉止神態優雅，因此當人們說「這個人很有氣質」時，則這個人多半不是粗鄙或狂野的。不過「氣質」這個詞來自北宋儒者，意思卻跟現代人的理解有滿大差異。簡單解釋的話，就是每個人的「本性」都一樣，都是善良，但為什麼沒有人人都是善人？因為每個人各自受到家庭、環境的影響而使「氣質」不同。因此要透過修養工夫來「變化氣質」，使人可以回到人性本善的圓滿狀態。

「氣質」、「變化氣質」是北宋時代的詞，但「氣」與「養氣」可不是。在這裡說這些思想史詞彙背後的哲學意涵，那太難了，但說到一個人的「氣」，我想懂中文的人就算無法精確的描述，多少還是能理解一些。「氣」原本是很簡單的，就是指天地之間的空氣，同時也指人的呼吸，是一種彷彿看得到摸得到，卻又模模糊糊難以捉摸的東西。好像無所不在，又好像毫無蹤跡。

古人觀察到人的每個動作多少都跟呼吸有關，憋氣時可以使出更多力量，具有節奏感的呼吸則可以使步行或跑步更加流暢。人的想法、意志是看不見也聽不到的，然而想法與意志會表現為身體的談吐與舉措，就像呼吸與動作一樣。因此「心」驅動著「氣」，「氣」驅動著「身」，身體再進一步形成這個人的生活方式，變成每個人都擁有的特殊樣貌，也就是「氣質」。

換句話說，「氣」貫通著身體內外，可以把一個人各種不同的面向連結起來，相較於更無法捉摸的意志與心靈，「氣」卻是可以被「感覺」的。意志堅強、行事果斷的人，與三心二意、瞻前顧後的人，就算不跟他們共事，往往也能從一般閒聊或其他生活面向中感受到他們不同的氣質。意志是氣的統帥，而氣則充盈整個身體，換言之一個人的氣質仍是自己的內心所決定的。

孟子說「我善養吾浩然之氣」。什麼是「浩然之氣」？怎麼養這樣的「氣」？孟子書裡也有學生問了同樣問題，引來了孟子不怎麼簡短的回答，因此這本書實在不想解釋，總之從內心開始就對了（各位同學請拍手）。每個人心所嚮往的氣質不一樣，不同的氣質來自於不同的意志，現代人倒也不用人人都「浩然正氣」。就像前幾個單元說的，先弄清楚自己想追求什麼，然後從每個念頭開始「充實」自己，你的氣質便會自然展露出來。

假日總是選擇加班，繼續在工作領域上奮鬥的人，日子久了便會形成積極努力、發揚蹈厲的氣質；而總是選擇坐在沙發上喝啤酒追劇的人，便會形成放鬆閒適、悠然自得的氣質；選擇前往海灘衝浪或潛水的人，則會形成陽光熱情、活力充沛的氣質。

談戀愛也要經營自己的「氣質」嗎？大部分的情況之下是要的，愛情往往從「感覺」開始。什麼樣的「氣質」傳遞出什麼樣的「感覺」，因此你的氣質很大程度的決定了你會吸引什麼樣的人。然而，人往往會欣羨那些自己沒有的部分，一邊追劇喝啤酒，一邊期待身邊有個喜歡衝浪、體態健美的情人；或明明自己是個工作狂，卻期待自己能找到閒散度日的伴侶。

那並不是不可能的，只是並不容易。首先是什麼樣的人會出現在什麼樣的場域裡，在家追劇怎麼有辦法認識喜歡衝浪的人？整天泡在海灘的人要怎麼遇到勤快的上班族？你喜歡與自己截然不同的人，不但要正好遇到同樣喜歡截然不同於自己的對象，那個對象還必須正好要能夠遇到你。茫茫人海，難道只能仰賴前世多燒香？

前面我們說談戀愛的一個基本工夫是要先有真誠的自己。現在的自己是你最理想的樣子嗎？如果是，那你要如何說服那個截然不同的人，來跟這樣的自己一起生活呢？如果不是，那你該如何「變化氣質」，向理想的自己邁進，從而找到理想的愛情呢？

不得不說某些氣質在愛情的世界裡是無法吸引到任何人的，諸如自私、暴力、驕傲等等。但凡是真誠面對自己，也真誠面對他人的人，都會有自己獨特的氣質。不同的氣質吸引不同的人，在談了戀愛之後，無論兩個人氣質多麼的相近，多少還是會受影響而改變。這種影響與其說是來自於對方，不如說更來自於「愛」本身，尤其是自我對於另一方的愛。

愛也是一種意志，人往往因為付出愛而更願意改變，因此戀愛中的人，多半會表現出與往日不同的樣貌。有些改變是長久的，有些改變是暫時的，而長久的改變，自然也會變化氣質。有人從此一生一世相守，也有人從此遊戲人間，過盡千帆。

意志形成氣質，氣質形成外在樣貌。一個內外如一，既「信」且「美」的人，如果他的意志裡充滿了愛，日常生活也充實的實踐愛，那麼愛自然也會表現在包含談吐與姿態的外在條件上。這種外在條件，又會進一步的鞏固內在的意志，形成一種內外貫通的循環。這種情況用孟子的話來說，便是「踐形」：將內在意志具體實踐，形成你外在的樣貌；與此同時的，持續那樣的實踐，也會更加強化你內在的意志。

當你心裡總是想著那個愛你的人，並時刻表現出那樣的愛，你就會表現成一個愛情專一的人，你的表現也會為你驅逐所有曖昧的可能。相反的，你不將那樣的愛持續的展露出來，甚至有意無意的遺忘或隱瞞有伴侶這件事，你的表現便有可能釋放出曖昧的試探。

佛家喜歡說「相由心生」，多少是有些道理的。

《孟子》

「……夫志，氣之帥也；氣，體之充也。夫志至焉，氣次焉。故曰：持其志，無暴其氣。」

曰：「我知言，我善養吾浩然之氣。」

「敢問何謂浩然之氣？」

曰：「難言也。其為氣也，至大至剛，以直養而無害，則塞于天地之閒。其為氣也，配義與道；無是，餒也。是集義所生者，非義襲而取之也。行有不慊於心，則餒矣。……」

孟子曰：「形色，天性也；惟聖人，然後可以踐形。」

為了愛勇往直前？等等等一下！

十幾年前因緣際會認識了一個人，那時大家都十分年輕，聚會聊天的話題多圍繞在感情上。與那人第一次見面，他便暢聊他如何追求一個女孩子長達五年，每天去他的班上站崗，每天陪他下課回家，就算一再被拒絕，就算彼此畢業換了不同學校，這人依舊一片痴心，沒有中斷這樣的「追求」。

後來因為各種原因與這個人疏遠了，再次聽到他的消息，是他因跟蹤、騷擾，引起了軒然大波，而鬧上了新聞報導。

另外有個朋友，年輕時也是苦苦追求喜歡的人，但因為各種條件限制，始終無法如願，但兩人始終維持著接近好朋友的關係。好幾年過去，聽說這位痴情朋友花了幾年工夫逐漸克服了許多不得其門而入的困難，因此開始見到兩人同時出現。再過幾年，不確定是否有更進一步的承諾或婚姻關係，只知道兩人早就低調的同居著。

多年前熱播的一部電視劇，默默守護在喜歡人身邊的男主角，終於從好朋友變成了情人。這電視劇讓無數痴情的「大仁哥」們士氣大振，期待自己長時間的努力終會獲得對方的青睞；同時也讓許多尋覓愛情的「程又青」們，忍不住轉身搜尋身邊的好朋友們，感嘆為何自己沒有大仁哥。

前面的單元曾經說過，「追求愛情」跟「追求戀人」是不一樣的，前者在追求的過程中不斷的充實自己，而後者則是將能否獲得收穫，交託於別人的意志。「反求諸己」、「求在我者」是追求愛情過程中一個重要的原則，愛情是需要雙方的，因此無論如何讓自己變得更好總是沒錯的。

既然是「追求」，便代表那是自身所沒有的，是會遭遇困難或阻礙的。除了反求諸己之外，還可以用什麼樣的態度去面對路上那些不盡人意的荊棘呢？應該堅持到底，勇往直前，像孟子引述曾子說的：「雖千萬人吾往矣！」那樣嗎？

關於堅定不移，《孟子》書裡稱之為「不動心」，而孟子認為「不動心」並不難。如果要追求不動心，至少有兩條路徑，「必勝」與「無懼」：

一種是認為自己是正確的，是最強大的，不論對手是再普通不過的路人，還是威勢強大的君王，絕不逃避任何挑戰，也絕對會反擊所有傷害。這種作法，可以稱之為追求「必勝」：相信自己所選擇的道路，相信自己的強大絕對足夠獲得勝利，因此勇往直前，不屈不撓。

另一種，則是承認自我的渺小，明白「必勝」是不可能的，但無論是面對多麼強大的對手，都能克服自己內心的恐懼，進而奮戰到底。這種作法，可稱為追求「無懼」，同樣是相信自己所選擇的道路，但無懼面對的是自我的內心，所要戰勝的是自己的怯懦與恐懼。

某種程度上來說，追求「必勝」是人之常情，畢竟所有人都喜歡看那種鍥而不捨，不屈不撓，最終獲得勝利的故事。然而喜歡歸喜歡，人在追求這樣的故事的同時，多半也不得不承認這世上沒有永遠保持「必勝」的事。人外有人，天外有天，強中更有強中手。因為追求「必勝」而堅定的不斷向上追求更強，最終肯定會遇到因各種條件限制所形成的牆，而這樣的牆卻不是堅持信念就可以突破的。

除非是虔誠宗教信仰，不然追求「必勝」者多少要面對兩個問題：一個是恐懼失敗，另一個則是自欺欺人。有人以恐懼失敗為動力繼續追求強大，但既然沒有永遠必勝的事，那麼失敗的恐懼便不得不如影隨形。在這種情況之下仍堅持不動心的人，便容易轉入自欺欺人的處境，透過欺騙或逃避的方式，來面對已經到來的失敗。

追求「無懼」則不然，「無懼」者未必「必勝」，但並不害怕面對失敗，在承擔挫敗之後，仍可奮起努力，屢戰屢敗，卻也屢敗屢戰。因此「必勝」與「無懼」的精神樣貌是不一樣的：必勝者的「不動心」必須表現在每一次的戰鬥獲勝之後，而無懼者的「不動心」則表現在戰鬥過程本身，尤其是他透過面對自我的恐懼，從而在自我的內心上有所長進。

換言之，「必勝」是「求在外者」，而「無懼」是「求在我者」。十年前一個飲料廣告說：「不放手，直到夢想到手。」如果是用在自己的身上，不但熱血，更表現出對自我成長的堅持。但如果用在人際關係上，卻會造成巨大的災難。這個單元前面講了兩個故事，一樣都是苦苦追求，何以一個被視為騷擾，一個卻能開花結果？簡單來說就是一個是「追求戀人」，不到手絕不罷休；另一個「追求愛情」，勇於面對失敗，從而不斷修正失敗。

如果害怕面對失敗，拒絕承認自己的缺失，反而一再強求對方的接受，不到手不罷休，那樣的堅持不但不是必要的，甚至在道德或法律上都是錯誤的。錯誤的堅持是脆弱的外殼，一旦被打破，反而會不知所措，失去自信。然而「必勝」未必全是負面的，那樣的堅持如果能加諸於「無懼」的努力，把堅定不移的意志放在勇敢面對自我的缺點，在失敗中獲得收穫，或許會能得到更好的結果。換句話說，堅持於反求諸己，勇敢面對缺失的人，才能擁有持續向外追求的能力。

反求諸己才看見恐懼，但還要面對恐懼、克服恐懼才能繼續前進。在孟子引述的曾子原話中，這叫「自反而縮」，「縮」多半被解釋為正直或正義，也就是「反省之後覺得自己是對的」。但我認為「縮」這個字可以用動詞來解釋，也就是：「反求諸己，將自己治理得更好」。

「自反而不縮」的人，雖然能反省，卻沒有勇氣去克服，無法下定決心去修正錯誤，因此他的反省只能帶來懊悔，而只能懊悔的人是一事無成的。相反的，「自反而縮」才是「無懼」的最好結果，堅持不斷的使自己更好，才是真正的勇氣，才是「雖千萬人吾往矣」的實現。

《孟子》

曰：「不動心有道乎？」

曰：「有。北宮黝之養勇也，不膚撓，不目逃，思以一豪挫於人，若撻之於市朝。不受於褐寬博，亦不受於萬乘之君。視刺萬乘之君，若刺褐夫。無嚴諸侯。惡聲至，必反之。孟施舍之所養勇也，曰：『視不勝猶勝也。量敵而後進，慮勝而後會，是畏三軍者也。舍豈能為必勝哉？能無懼而已矣。』孟施舍似曾子，北宮黝似子夏。夫二子之勇，未知其孰賢，然而孟施舍守約也。

昔者曾子謂子襄曰：『子好勇乎？吾嘗聞大勇於夫子矣：自反而不縮，雖褐寬博，吾不惴焉；自反而縮，雖千萬人，吾往矣。』孟施舍之守氣，又不如曾子之守約也。」

全天下男人都會犯的錯？

一個畢業幾年的男同學跑回來學校找我，嘻嘻哈哈了一陣子之後，聊到了戀愛話題。我隨口提到了他交往了幾年，同樣也是我學生的女朋友，兩人近況如何，才知道兩人已經分手幾個月了。這對情侶感情向來不錯，我還以為會吃到他們的喜酒，因此多問了幾句，他抓抓頭，有些不好意思的說：

「唉！我出軌了，總之犯了全天下男人都會犯的錯。」

二十幾年前著名的影星成龍在已婚的情況下，與其他女星外遇並生下孩子，事發後在記者會上說了這句名言，沒想到餘波蕩漾，跟這句話差不多時間出生的男孩子，長大後竟然也用上了。

這個單元不是簡單的從道德上去批判出軌或婚外情，畢竟在愛情的世界裡，有千奇百怪的過錯，世俗所謂的「不忠貞」不過就是其中一種。在某些特殊情況之下，甚至不忠貞也未必是一種錯。重點是談感情的雙方如何去定義「錯誤」，以及如何去面對「犯錯」這件事？

承認錯誤其實是不容易的一件事，尤其是人際關係中的錯誤。首先要面對的就是自己所造成的傷害，並且深刻的反省，自己是什麼環節疏忽了還是太過自私了，才導致出現這樣的傷害？

像「犯了全天下男人都會犯的錯」這種話語，完全就是推卸責任。明明是自己所造成的傷害，卻說成只要是男人都會如此，輕巧的將犯錯的責任放置到性別，或其他群體認同上。

身為男性的我，當場便對學生說：「不，全天下男人都沒犯錯，犯錯的只有你而已。在你劈腿的當下，只有你對不起你的前女友，別把我們拉去背鍋。」

言語上的卸責，古文叫做「文飾其過」，孔子的弟子子夏說：「小人之過也必文。」後來寫注解的朱熹講得極好：「小人害怕面對錯誤，但不害怕自我欺騙。」犯了錯造成了傷害，一個無法正面面對錯誤並改正的人，反而去找了許多理由來卸責，那會造成更大的傷害，更使人難以信任。

當一個人出軌了卻表示他的錯誤來自於「他是個男人」。那還能如何修正錯誤？既然不能夠不當男人，那麼犯這樣的錯也是應該的。現在會犯，以後也無法保證不犯，這種卸責之詞是最可惡的。

關於改過，古人說得可多了。孔子說：「見其過而內自訟。」看到有過錯，自然深切反省，才能找出真正的原因，並且加以改正。「過則勿憚改」，不能害怕面對，更不能逃避現實，否則「過而不改，是謂過矣」，有過錯改正就好，但一再犯錯，那就是真正的過錯。相反的，勇於面對並且督促自己永不再犯的人，自然會逐漸變成一個更好的人，如顏回之所以受到孔子的稱讚，除了他好學不倦之外，還在於他「不貳過」。

多年前有個男同學，他跟女朋友約好了時間見面，在見面時間之前幾個鐘頭，他帶了自己新買的桌遊跑去跟其他同學一起玩。玩桌遊當然沒問題，但這桌遊頗費時間，一個沉浸其中，默默的便錯過了約會。偏偏玩桌遊的地點又是個手機訊號不良的地下室，在失聯遲到接近一小時之後，據說女友大發雷霆，整個晚上都不跟他說話。

故事的前半段如此，大家不妨幫這位約會遲到的糊塗蛋想一想，他除了道歉，跟女友求饒之外，還可以怎麼避免再度犯錯？

後來的故事是，隔天糊塗蛋當著所有人的面，一聲不吭的把桌遊打開來灑進了垃圾桶。人在現場的另一個同學轉述給我聽時，用極為惋惜的口吻發表意見說：「唉！幹嘛丟啊？不要可以送給我啊！」

那糊塗蛋此刻倒是不糊塗，他說：「我傻啊？送給你，你還不找我玩？結果不是一樣？」

後來未必真的完全不玩桌遊了，可能也未必真的不遲到，事實上也許還有更多更好的方法來避免再犯。但不得不說，這個自省與改過算是滿徹底的，沒有怪罪其他一起玩桌遊的伙伴，也沒有找更多藉口，說什麼全天下玩桌遊的人都會犯的錯之類的。知道自己貪玩，所以隔絕了貪玩的可能。

後來糊塗蛋與大發雷霆女友結婚了，從這小事來看，或許糊塗蛋是個可靠的人。

犯錯沒什麼，知道自己犯錯才有改過的機會，因此孟子說：「人恆過，然後能改。」能提醒過錯的往往是真正的朋友，同樣出自於孟子，他說子路這個人：「人告之以有過則喜。」歷來讀書人多把這個「喜」歸因於子路藉此發現了自己的不足，可以彌補或改正了，因此感到開心。我覺得除了發現自己的不足之外，子路發現了願意「告之有過」的真朋友，那也是一件值得開心的事。

孟子這兩段都有些欠缺前因後果。「人恆過，然後能改」，但一定要犯過錯才知道自己的錯嗎？此外，如果真的犯了嚴重的錯，傷害了自己最親密的人，肯定是開心不起來的。所以「人告之以有過則喜」也要看情況，不能傷害了別人而不知，等有人告訴你犯了過錯，那道歉補過都來不及了，怎麼還能「喜」？一定是在傷害造成之前，就得到了旁人的忠告，可以提前加以修正加以避免，那才是一件值得開心的事。

身在局中的人往往自己是看不清的。幾年前，有個朋友在聚會時提到，他與另一個女性友人要一起前往某處旅行，兩人規劃了不少行程云云。這位朋友是有女朋友的人，而據我所知他與旅伴走得很近，互動頗為曖昧。我私底下不得不提醒他，你們這樣單獨出去玩，女朋友都不會想太多嗎？然後你不怕那個女性旅伴也想太多嗎？

這位朋友一開始還嘻嘻哈哈的，後來也深思熟慮了起來。那趟旅行最後便不了了之，與他女友好好的相處過日子。幾個月後，我輾轉聽說那旅伴當時多少有橫刀奪愛的意思，而那趟未成行的旅行更心存試探，只是隨著各種不了了之而與他漸漸疏遠。

說到底「犯錯」還是需要談戀愛的人自己定義。有些人無法容忍曖昧，所謂情人眼裡容不下一粒砂；有些人把界線劃在性關係上，只要沒有跟其他人上床，曖昧或心靈出軌都無妨；更有人心靈與身體都不具占有欲，唯一在乎的只有「名分」：只要他還承認我是女／男朋友，或法律上的婚姻關係，伴侶怎麼樣都可以。

關於人際關係的互動界線，荀子講得更好，我們後面還會再聊。這裡倒是可以先說一個原則：某些早已知道是錯誤的事，那就千萬不要搞到什麼「人恆過，然後能改」這種地步。

打個比方說，絕大多數的情侶都不能容忍另一半肉體出軌的，那雙方就應該極力避免任何可能性發生。許多過錯，只要一次便足以摧毀所有信任，而且無法重新開始。

孟子說：「行一不義、殺一不辜皆不為也。」在愛情的世界裡，最不能犯的過錯是什麼？別去接近它，別讓自己有任何機會犯錯。如果真的犯錯了，那就好好的去面對。如果你是有伴侶的人，別牽拖什麼身不由己，說什麼天下男人女人如何如何，別在華人世界裡把嘴對嘴親吻當作國際禮儀，別把劈腿多人當作時間管理。

你早就知道了，所以請誠實面對自己的感情，也誠實面對過往的承諾吧！

《論語》

子夏曰：「小人之過也必文。」

朱熹《四書章句集注》：「小人憚於改過，而不憚於自欺，故必文以重其過。」

子曰：「已矣乎！吾未見能見其過而內自訟者也。」

子曰：「主忠信，毋友不如己者，過則勿憚改。」

子曰：「過而不改，是謂過矣。」

《孟子》

孟子曰：「……人恆過，然後能改；困於心，衡於慮，而後作；徵於色，發於聲，而後喻。入則無法家拂士，出則無敵國外患者，國恆亡。然後知生於憂患而死於安樂也。」

孟子曰：「子路，人告之以有過則喜。禹聞善言則拜。大舜有大焉，善與人同。舍己從人，樂取於人以為善。自耕、稼、陶、漁以至為帝，無非取於人者。取諸人以為善，是與人為善者也。故君子莫大乎與人為善。」

找本心，找愛心

前陣子在社群媒體上看到一個舊學生結婚了，對象是當年他身邊的那一個。

他與女友從高中就開始交往，上大學之後分別在不同學校，也算是努力維繫感情。但二十出頭的兩人一方面對於周遭的花花世界感到好奇，另一方面感情也走到了一個瓶頸，覺得好像日復一日，少了些火花與新鮮感。

他說：「好像也不是不喜歡了，但就是平淡到，好像有跟沒有都沒差。乾脆就分手了。」他說這話時的表情我還記得，既不苦惱，也不期待，就像在說中午去學生餐廳吃了什麼一樣。

大約過了半年吧！畢業前碰了一次面，他倒是喜孜孜的跟我說，他們復合了。我問發生了什麼事嗎？他說：「在高中母校旁邊開了同學會，吃完飯回學校走走，在走廊上突然很想牽他的手，忍不住手伸過去，自然而然就牽起來了。」

他笑得靦腆，接著說：「幸好這陣子我們都沒交新對象。」

大部分的情況裡，錯過了往往就是錯過了。但類似這種因為平淡而分手，之後又復合的故事還不止一個。復合的原因很多，有人是另結新歡之後，發現舊愛還是最美。有人是各自有所嘗試，但在追求與曖昧階段就發現「新人不如故」。也有人就是單純的發現彼此骨子裡還是很愛對方的，那又何必分開？

古人講的人性、人心，多半指的是一個人的內在，但這本書喜歡拿這些古代思想的詞彙來比擬愛情關係。前面單元有提到，如果把最初的也是最純粹的愛比喻為「性善」，那麼愛情的發展，從心動到交往，從婚姻到偕老，大體可以說是「擴而充之」的理想情況。

初心就像是燎原之火最初的火種，像灌河大江最初的水源一樣，需要好好的呵護並培養。

心性無論如何是可以自己掌握的，拿來用愛情作比喻，現代人要理解到兩個層次的問題。第一個問題是：在這段愛情關係裡，我是否能一直保持最初感到心動、喜歡，那樣的情意呢？第二個問題是：愛情是至少兩個人的事，而這兩個人之間的情意，是否能一直維持著最初的美好單純呢？

關於第一個問題，只要認真反省並審視，在摒除心外的生活習慣差異，以及外在事件所造成的情緒波動的情況下，自己是不是保持著那個最初的愛，自己是最明白的。如果再也找不到了，那就是人常說的「變心」。我們永遠都只能確認自己的心，不論你覺得對方如何不一樣了，「變心」其實也只能確認自己的部分。

關於第二個問題，在愛情的旅途中，如果中途走散了，走遠了，單純的情意已經無法抵擋外在條件的差異了，那可以先回到第一個問題來審視自我，或是邀請伴侶一起「反求諸己」：我們曾經不畏艱難的共同渡過難關嗎？那麼現在為什麼無法一起面對了呢？又或者我們是否從未面對過這樣的難題，那麼現在我們要為這個愛情旅途奮鬥一番嗎？

變了的心能不能找回來？走散了的愛情之旅能不能回到正軌？孟子有個非常著名的比喻。他說人養了雞或狗，不小心走丟了，多半都會想要找回來，但人的心走丟了，卻往往不會努力去找回。走丟的心，孟子叫做「放心」，這個「放心」不是安心不煩惱不掛念的意思，孟子的「放」是放逐、放縱，飄盪走失的意思。心走失了，被丟掉了怎麼辦？想辦法找回來就是了，把心找回來，孟子的話語是：「求其放心」。

覺得自己不再愛了，毫無感覺了，覺得自己變心了，怎麼辦？愛情是一個過程，首先要問的是：你真的有愛過嗎？前面的單元聊過「愛的本質」，你愛的是這個人的本質，而不是那些附加在他身上的外在條件。如果你確實愛過，那麼一定走過美好的旅程。那麼可以接著問問自己：

你願意找回那時的自己嗎？還是，我們就這麼算了？

如果你根本沒愛過，或你非常肯定自己變了心，就算找回了迷路的小雞或小狗，你也不想要了，那麼就讓彼此自由吧！

如果曾經愛過，也很肯定自己並沒有變心，那就是這段旅途與伴侶走散了。這種型態的「放心」需要雙方來共同尋求。同樣的，兩人首先必須真誠的面對愛的本質，也就是當初愛的是這個人，而不是那些變動不居的外在條件。說真的，這往往是最難通過的一關，畢竟外在條件多半是最顯眼的存在，也是最容易展現吸引力的方式，我們本來就很容易透過各種標籤去認識他人，也因此容易被財富、地位、榮耀等迷惑。年輕時的戀愛當然可以很純真，但即便是青澀的少男少女，依舊容易被外表或更粗淺的才氣所吸引。

如果你們走散的不是彼此吸引的本質，而是那些隨時間流逝或推移的外在條件，核心的「愛情的心」也沒有在相處過程當中成長茁壯。那麼同樣的，放過彼此，各自去尋覓自己的「放心」吧！

相對的另一種情況則是：在愛情的旅途當中感到迷惘或困惑，兩人無法確定是否這就是自己所要的愛情。或是遺忘了曾經的愛，那麼一起找回「放心」，重新經營起兩人共同的愛，或許就還有機會。

有趣的是，情侶剛剛交往的時候，往往很熱衷於交換信物，或一起擬定愛的語言，覺得內在的愛意太過澎湃，不化為外在條件的話無法宣洩。因此熱戀期不但會有各種交換禮物，要穿上一樣的衣服或配飾，還要一起度過各種具有儀式感的紀念日，說些只有兩人才聽得懂的情話，來滿足彼此的愛。日本有個可愛的詞彙叫做「笨蛋情侶」（バカップル），描述情侶沉浸在甜蜜世界之中，乃至於忽視或弱化了生活所需。但是日子久了，生活的需求便會超過那個澎湃無比的愛意，不得不將這類行動收斂回來，情侶之間刻意經營的外在樣貌便會越來越少。這不代表不愛了，有時候只是被珍重收藏起來，心意相通的時候，外在條件往往不是必要的。

在愛情路上，迷惘或困惑的時候怎麼辦？如果你們擁有那些共同創造出來的紀念品或回憶，試著去複習，去重新面對那時的彼此，去感受曾經擁有過的心動。如果還感受得到，代表你們的愛情還有機會找回來，值得再努力一下。就像這篇開頭所說的故事那樣，說不定最後會有很美好的結局。

無論如何，不論是自己愛對方的心，還是兩人之間愛情的心，想要擁有一段長久而美好的愛情，孟子說：「學問之道無他，求其放心而已矣。」或許，愛情之道也不過如此而已。

《孟子》

孟子曰：「仁，人心也；義，人路也。舍其路而弗由，放其心而不知求，哀哉！人有雞犬放，則知求之；有放心，而不知求。學問之道無他，求其放心而已矣。」

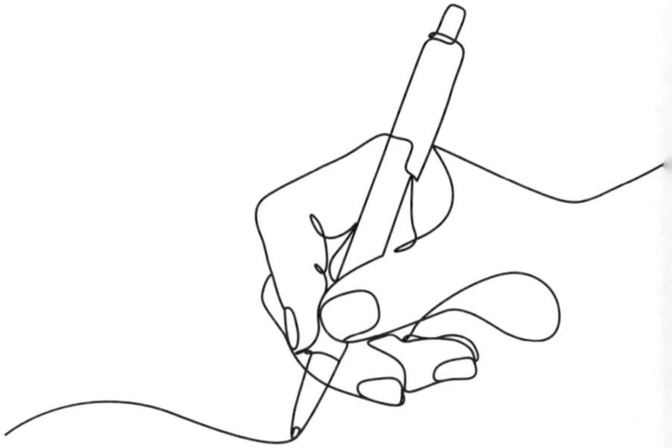

戀愛必修課

以禮相待

我們之間到底算什麼？

幾年前認識了一些年紀小我十來歲的朋友，差不多都是大學畢業沒多久的年紀。其中有兩個外型與談吐都相當登對的少男少女，每次碰面都一起出現，互動也有相當默契，常常一搭一唱，把大家逗得哈哈大笑。然而兩人看似親密，卻從未見到他們有肢體接觸。

某次我忍不住開口問了：「我說啊！你們兩個是不是情侶啊？」聽到這句，兩人突然各自往反方向跳了一步，同步的搖頭揮手說：「不是不是，就是好朋友而已，你誤會大了。」我忍不住笑出來，這兩人連澄清誤會都這麼有默契，估計這句話被問了不止一次。那時我還仔細觀察兩人的表情，是否有期待、困惑或沮喪的樣貌，偏偏什麼都看不出來。

後來兩人各自有了事業要努力，在社群媒體上，很少再看到兩人同框出現的照片，據說偶爾還是會聯絡聯絡的。

另一個故事來自於一群差不多前後屆數，有男有女，七、八個大學生的小圈子裡，其中也包含了幾對情侶。

在陸續畢業前，其中一個男同學跑來找我說說話，他說他其實暗戀某個女同學很久了，但他跟自己最好的朋友在一起，所以這個情感藏得很辛苦。覺得自己應該此生無望，偏偏放不下又捨不得離開。前幾天他們分手了，女同學身邊突然少了個人，這陣子密集的來找自己幫忙一些大小事。偏偏好朋友三不五時也會來跟他說話，吐吐失戀苦水，貌似也有打探消息的意味。

「這是什麼無間道？明明就是好朋友，但暗戀好朋友需要這麼辛苦嗎？」

「情侶」或「婚姻」可能是多數人心目中美好愛情樣貌的名字，但在愛情的世界裡，還有各種不同的名稱。如單方面的愛慕是「單戀」，不為人知的是「暗戀」，有法律或習俗契約關係的是「婚姻」，單純只有性關係的是「床伴」或「砲友」，取消愛情中的排他性的是「開放式關係」，愛情世界裡不只兩人的則是「多元之愛」。人是會變化的，關係當然也會變化，戀愛了、結婚了、分手了、離婚了、外遇了、復合了。從古至今，人類發展出各式各樣「愛」的樣貌，賦予了各種名稱。有些被認可了，有些沒有，有些甚至被視為禁忌。但無論是哪一種，往往需要對彼此之間的關係進行「確認」，確認這樣的感情到底是什麼，以及雙方對於這樣的關係是否有共識。

如果彼此都沒有「確認」，那便是「曖昧」。有些人特別喜歡曖昧，模糊了界線，因此保有某種自由。但大多數情況之下，就如同經典流行歌所唱的那樣，曖昧讓人受盡委屈。

在許多愛情故事當中，常常會有以言語向心儀對象直接表達愛意的情節，稱為「告白」。在特別重視禮儀細節的日本，其影視、動漫或小說作品裡，這樣的情節更時常被特別突顯出來，且「告白」往往伴隨著期待「答覆」。因此「告白」幾乎可以作為「曖昧」的反義詞，至少已經確認了其中一方對於關係的期待，同時也確認了對方明白此方的心意。

為什麼需要「告白」？正因為情感關係已經出現新的發展，從朋友要進一步的向前邁進，因此需要重新確認彼此對於關係的認知。如果我們把「告白」這樣的行動從「示愛」解放回到原本的中文語境當中，「告白」其實也就是「明白表述」的意思。

從朋友變成情侶，從情侶變成夫妻，或是逆向轉變為分手，告白其實都是必要的。

為什麼這是必要的？用古人的詞彙來說，確認身分就是「正名」。兩人感情很好，那個「好」是什麼樣的「好」？可以同居嗎？可以牽手嗎？可以接吻嗎？可以上床嗎？先把關係確認了，我們是朋友還是情人，才知道彼此該怎麼對待。否則我把你當情人，你把我當朋友，那一不小心就是不同程度的性騷擾。因此孔子說：「必也正名乎」，又說「名不正則言不順，言不順則事不成」，因為如果不知道自己是什麼名分，該說什麼話，該做什麼事，都不得不綁手綁腳，如履薄冰。

前面講了兩個故事，表面上都是好朋友，但第一個故事顯然雙方都非常明確的知道對方的心意，關係也就止於好朋友。因為好朋友的關係十分明確，所以不論是行為或是言語，兩人都大方自然，各有分寸。第二個故事卻受限於友情與愛情的糾葛，被困在一個進退兩難的位置。

「名」是名分、身分。不論人類社會如何演變，人際關係中的各種名分永遠都是存在的。父子、兄弟、夫婦、師生都是名分，現在已經沒有古代那種「君臣」關係了，但職場上的權力關係依舊存在。因此孔子的「正名」其實不只是確認「頭銜」而已，而是要確認外在的「名」與內在關係中的「實」是否能夠對應得起來，所謂「父父、子子」，意指被稱為父親的人，有對孩子表現出情意，有盡到作為父親的責任。反之「子子」亦然。

值得注意的是，不論是君君、臣臣，還是父父、子子，先秦的儒家所強調的都是彼此互動，而不是單向的權力關係。意思是說：並不是只要求臣子盡忠，只要求孩子孝順而已，更要求君主要有君主該有的樣貌，要求父親要有父親的樣貌。

回頭過來說，古代社會的「名分」比較僵化，君臣、父子、夫婦什麼的，整個社會都有一定的標準，簡單說古代人不需要「告白」，父母之命、媒妁之言，早就幫你確定關係了。當代多元社會沒有這麼死板，也無須這麼死板，但無論如何，「名分」都是人際互動的基礎。在人際界線相對較模糊的這個時代，有時候反而不好拿捏彼此的界線，因此現代社會才需要透過「告白」來「正名」。而且在「正名」之後，還需要做更多往來的溝通，將「正名」之後的新關係，就各種不同層面可能遇到的情況好好的交換意見，並在生活中形成互動模式，才能知道自己可以做什麼，不能做什麼。

孔子提出的「正名」，在荀子的書裡面被說明得最透徹。荀子有一篇文章專門談「正名」，其中說到：「名」沒有非得怎麼稱呼不可，大家彼此約定好就行。「名」所指向的「實」也不是固定的，同樣需要透過彼此約定。荀子的原文就叫做「約定俗成」，這個原則可以說放諸四海皆準。人與人之間先明白的確認了關係身分，然後根據這樣的身分去溝通、調整各種對待彼此的方式，約定之後，就知道彼此該怎麼互動。

是朋友，什麼樣的朋友？是情人，什麼樣的情人？告白了，感情無法得到接受，那我可以退回去哪裡？告白了，對方貌似也願意交付愛情，但雙方對於愛情的想像不一樣，接下來該怎麼互動？

這些事情，通通都需要約定俗成的「正名」。如同前面提到的，愛情世界裡有太多不同的樣貌，有些情況可以很快的取得共識，有些情況則太過特殊，需要重新定義。荀子說，有智慧的人需要為各種不同的情況去形成新的「名」與「實」的關係，區別關係的同異，才能在關係當中好好的表達自己，也才能在關係當中坦然自在的行動。

一般來說，如果能順利的取得共識，那麼好的人際關係、好的愛情，便會在其中成長茁壯。但取得共識未必如此順利，可能不夠坦承的面對自己，可能心懷其他欲望與私心，導致彼此對於名實的認知有了巨大的差異。用荀子的話來說叫做「犯分亂理」，侵犯了名分，擾亂了合理的互動。

下個單元我們再接著說。

《荀子》

知者為之分別制名以指實，上以明貴賤，下以辨同異。貴賤明，同異別，如是則志無不喻之患，事無困廢之禍，此所為有名也。

名無固宜，約之以命，約定俗成謂之宜，異於約則謂之不宜。名無固實，約之以命實，約定俗成，謂之實名。名有固善，徑易而不拂，謂之善名。

人帥真好人醜性騷擾？不！是界線的問題

我有個充滿才華，外表也挺不錯的朋友，是個喜歡熱情擁抱朋友的陽光男孩。每次見了面總要肉麻的跟我說：「我最愛你了！」然後給我一個誇張且用力的擁抱，有時還會作勢要吻。我多半也用非常誇張的方式笑著推開，跟他說：「真是夠了，回去找你媽媽去。」

男孩之間常有類似的打鬧，我稱不上特別厭惡，所以偶爾見面倒也無妨。但這個陽光肉麻男也常常這樣對待他的女性友人，其中多數女性可能跟我一樣見怪不怪。但有個女性朋友，對於這類身體接觸十分排斥，幾次見面都正面而禮貌的表達抗拒，沒想到陽光肉麻男竟因此變本加厲，刻意的作弄起他來。

在某次聚會時，大夥兒才見面，陽光肉麻男又再一次要從背後強行摟抱這個女孩。這回抗拒女不客氣了，當場大聲尖叫，一個扭過身來，當著所有人的面，狠狠的給了他一巴掌。

這毫無疑問的是性騷擾。在不同意的情況下，以力量企圖遂行摟抱或親吻的行為，使人心生畏懼。

就在我寫這本書的二〇二三年夏天，臺灣掀起了控訴曾經受到性騷擾甚至性侵害的風潮，一時之間，幾乎每天都有新的人跳出來，透過各種方式表達"MeToo"。我一方面自我反省是否有不自覺的傷害別人，一方面也因此察覺到身邊許多朋友，這些年來其實也承受了不少類似的事件。

前一個單元我們提到「正名」，透過名分的確認，人與人之間因此得以建立起良善的互動模式。更進一步地說，「正名」其實也是一種互動界線的確定：

我們是「朋友」，所以可以這樣，不能那樣。

我們是「師生」，所以只能這樣，不能那樣。

我們是長官與部屬、是客戶、是偶然相遇的陌生人，所以我們應該有個互動的界線。有些話不能說不能問，有些行為舉止不應該出現。

「名」不但確定了互動方式，多半也為互動設下了界線，跨過了界線那就是「踰矩」。但我覺得一個古老的詞彙更能貼切的表現這種人與人之間的界線與互動規範。

那叫做「禮」。

近現代人往往把「禮」視為毒蛇猛獸，認為那是封建時代箝制自由的禍害遺毒。某種程度上倒也不能說這全是誤會，畢竟在專制帝王的時代，把原本的自然人際互動轉化為上下權力關係，更能夠有效的幫助統治。在這本書的後半段講到董仲舒時，我們再來說這種被「權力」滲透的禮對於人際關係的破壞有多深刻。

但先秦儒家所講的「禮」，並不是那個意義。說到「禮」，荀子是真正的專家，他從一種調節分配的角度來談禮的起源，認為人生下來就有各種欲望，欲望不能得到滿足，便不得不去追求，追求欲望而不知道節制，便會出現爭奪與混亂。為了合理的滿足欲望，讓欲望的追求有度量分界，於是就有了「禮」。

前面我們聊愛情，常常要拿古代的概念來做比附，某種程度上算是借題發揮，超譯古人的本意。但講到「禮」，愛情毫無疑問的就是禮的一部分，半分也沒有偏題。

人類的情感與欲望是一體的兩面，荀子認為「禮」是人類文明最重要的核心，為人與人的互動劃定了界線，定出了規則，讓情感與欲望得到合理的滿足與節制。最好的「禮」，必然是所有參與的人都相處愉快的，因為人人都知道界線在哪裡，在界線之內我可以付出什麼，可以擁有什麼，都有具體而明確的規範。

互動的界線就是「分」，分別的「分」；而符合自己當下情境該有的行為舉止，也是「分」，讀為身分的「分」。將不同的個體、不同的身分分別開來，叫做「別異」，別異之後讓每個個體，每個身分都明白知道自己什麼時候應該怎麼說話怎麼行動，叫做「明分」，也就是明白自己的分際。每一個「分」的合理性就是「義」，荀子多稱「禮義」，也就是合宜的，正確的，符合道義的禮。當一個社會能夠妥善的「別異」，每段人際關係都確切的「明分」，所有的個體才能順暢的結合起來，分工合作，形成真正的群體。

「禮」的關鍵在於互動的雙方對「分」有具體共識，換言之大家都知道界線在哪裡，一旦逾越了界線，是失禮、無禮，是僭越。幾乎所有"MeToo"事件的背後，都在於其中某一方企圖在欠缺共識的情況下，遊走於界線內外去試探，甚至利用權力強行越過界線，從對方身上滿足自己更多的欲望（"MeToo"事件裡幾乎都是性欲），進而傷害了原本應該被界線保護的對方。

「人帥真好，人醜性騷擾」常常被拿來當玩笑話說，彷彿將「分」定義在「外貌」是否符合大眾的審美之上。這絕對是錯誤的。不可否認包含外貌在內的外在條件對於定義人際關係有一定程度的影響，但「禮」

的精髓在於合理分配內在的情意與欲望，使人由原始邁向文明。

打個比方說，師生關係的核心是處理知識的傳遞，君臣關係是處理權力的運作，情侶關係則是處理愛、情欲與占有欲。關係越單純，相處起來就越簡單，一旦關係錯綜複雜，即使是雙方都合意有共識，也會因為不得不在各種場域中區隔各種界線，而有處理不完的麻煩，如牽涉權力關係的辦公室戀情。

在各種關係當中，權力的介入往往是最麻煩的，因此當魯公問孔子君臣應該如何相處時，孔子回答「君使臣以禮」，必然要先確定權力的運作在一個合理的界線內，使君臣互動能「以義相合」。權力若失去了「以義相合」，讓欲望凌駕在禮義之上，不論是下僭越，還是上無禮，都很容易造成權力失衡、失控，進而導致關係的扭曲，必然有一方會因此受到傷害。如此一來，不論是情感還是欲望，都無法得到妥善的安頓。

相較於外貌的美醜，是「好」還是「騷擾」，其關鍵在於能不能謹守「禮義」。荀子有個極中肯的結論：人與人的相處如果能以禮義為最重要的核心，那麼禮義與情欲兩個都能得到；如果以情欲為核心，那麼兩個最終都會失去。

古代禮教社會與現代社會有巨大的差別，「禮」也不僅止於人際關係而已。荀子談論「禮」多數從政治的角度出發，而古代社會的人群受教育比率不高，因此荀子主張「名分」必須由擁有通徹智慧，足以理解眾人與萬物的「聖人」來管理。身處現代的我們當然不能輕易的將自我，以及自己的人際關係交由不相關的人來定義。然而核心的原則還是不變的，現代人自己為自己負責，每個人都是自己的君主，每一段人際關係都可視為對等的外交，透過言語與行動，在合理的界線裡和諧的互動。

那叫做「以禮相待」，千年傳統，永遠都可以有全新的感受。

最後要說明一點，禮的「別異」並不是一成不變的，即便是在較為僵化的古代禮教社會裡，理想的禮依舊是隨「人」的變化而調整的。「禮」因人而異，充滿彈性，與「法」有明確的分別，這部分我們留待後段講法家時再說。

《論語》

定公問：「君使臣，臣事君，如之何？」孔子對曰：「君使臣以禮，臣事君以忠。」

《荀子》

禮起於何也？曰：人生而有欲，欲而不得，則不能無求。求而無度量分界，則不能不爭；爭則亂，亂則窮。先王惡其亂也，故制禮義以分之，以養人之欲，給人之求。使欲必不窮乎物，物必不屈於欲。兩者相持而長，是禮之所起也。

人之生不能無群，群而無分則爭，爭則亂，亂則窮矣。

君臣上下，貴賤長幼，至於庶人，莫不以是為隆正；然後皆內自省，以謹於分。是百王之所同也，而禮法之樞要也。然後農分田而耕，賈分貨而販，百工分事而勸，士大夫分職而聽，建國諸侯之君分土而守，三公總方而議，則天子共己而止矣。出若入若，天下莫不均平，莫不治辨。是百王之所同，而禮法之大分也。

故人一之於禮義，則兩得之矣；一之於情性，則兩喪之矣。

思想齷齪還能是個好人嗎？

一個學生某次跟我聊天，提到他前陣子剛剛跟女友分手了，前女友說：無法容忍他每次見面都是滿腦子齷齪，不管是看電影還是逛街，逮到機會就要毛手毛腳，一旦獨處就只想親熱。這個男同學傷心之餘，倒也認真反省，他說：

「我以為情侶之間摟摟抱抱，私下想親熱是很正常的，沒想到只有我這樣，覺得自己很可恥。但又無法停止去想那方面的事，一邊覺得羞愧，一邊又一直想，這樣的我，應該很難再交到女友了吧？」

再說另一個故事，某回跟學生聚餐，十八、九歲的同學們自己聊起了戀愛話題。其中一個女同學提到他跟男朋友的互動不太好，兩人是遠距離，又各自要打工，一兩週頂多見面一次。難得週末碰面，卻很少出門約會，多半待在租屋處。另一個女同學安慰說：「待在家裡看電影或追劇也算約會啊！」

這個女同學可能是忘記有個男老師在場了，有些害羞的回答：「他見了面多半都想著上床，好像談戀愛就只有這件事一樣。雖然我也不討厭，但總覺得不正常。」

上個單元我們聊到身分與互動方式，是什麼身分，就要守著什麼樣的界線，沒有那個身分，就不要輕易越線。讓欲望需求留在合理的界線裡，如此才能長久的、舒適的相處。擁有情侶的名，多半會自然的交流屬於情侶的欲望，然而欲望的滿足依舊要留在合理的範圍裡，符合「禮義」，以禮相待，才是長久之道。

欲望有很多種，跟愛情有關的欲望包含了占有欲、保護欲，當然還有情欲。作為情侶，有這些欲望往來交流是正常的，每對情侶也應該摸索並尋覓最好的相處方式。有些人占有欲太多，顯得容易嫉妒，侵蝕了愛情之外的人際互動；也有人保護欲太多，變成了控制狂，甚至影響了對方獨立自主的生活。

現代社會對於情侶互動沒有具體規範，私底下相處只要能找到平衡，欲望無論多寡，兩人好好處理即可。重點就在於找到平衡並不容易，尤其人會成長，會變動，每個階段的平衡未必能帶到下個階段去，因此愛情若要長久，努力的經營是沒有止境的。

尋找最好的相處模式，首先要先明白：欲望並非邪惡的，有欲望也不可恥。包含情欲在內，人類的欲望是生存的重要環節之一。就像肚子餓了要吃，口渴了要喝，覺得寒冷想要溫暖，覺得疲倦想要休息一樣，這些都是生而為人的一部分。欲望本身不是壞東西，壞的是沒有節制、沒有界線的去追求滿足，那就會出現爭奪、暴力、混亂，甚而使資源耗竭，社會秩序崩潰。

情欲當然也不是邪惡的。姑且不論人類繁衍的問題，如果情欲是邪惡的，那麼人類的文明裡還會有愛情嗎？如果沒有愛情，人類的文明還會是這樣美麗而精彩的嗎？

荀子常常用「欲望」來定義「性」。這裡先做個簡單的區別，「性」這個字有「本質」的意思，如性質、特性等。古人談論人的「性」就是講「人的本質」是什麼。而現代語境中，「性」也用來表示生殖或身體情欲，如性器、性愛等等。

為了避免混淆，這個單元談論「性」，指的是「本質」的意思。

在荀子的觀點中，人的偉大之處在於人類擁有文明，而人類文明的精髓，在於人類懂得如何治理人性的各種原始欲望，從而創造出了充滿理性且和諧的秩序。換言之人類文明的關鍵之處不在於有形可見的禮教、法制或其他物質創造，而在於從「欲望」進展到「禮義」的這個學習過程。

荀子以「性惡」說聞名，不過荀子之所以論「性惡」，其實是為了反對孟子的「性善」說。在荀子看來，所謂的「善」應該是指人類文明完成之後，那個彬彬有禮的和諧狀態。符合禮義，充滿秩序的「善」，荀子稱為「正理平治」。因為沒有任何人是天生就通曉「禮」的，必然是透過認識外在世界，在彼我雙方互動的摸索中，在書籍與他人經驗的傳承中，一點一滴學習累積而來的。由於荀子的「善」必須來自於學習，不可能天生具備，自然不能認同「性善」之說，因此荀子要從反面論述，暢言「性惡」。

孟子的「善」與荀子不同。孟子從根源來說，認為天地萬物唯獨人類可以發展出文明，必然是人類的本質當中，有足以發展出仁義禮智的美好部分，而這是人類與禽獸最重要的區別。為了強調這個區別，孟子定義「性」便特別強調那個與禽獸不同的根源部分，並期待每個人都可以讓這個根源暢達擴充，形成美好的天下秩序。

孟子從先天的根源講「善」，因此人的「性」必須是善的。荀子從後天的文明講「善」，善是經過學習的，那荀子所定義的「性」又是什麼？既然善是後天的，那麼在學習之前，人類的「性」跟其他禽獸也沒什麼兩樣，都是欲望。因為欲望不是善的，所以荀子說「性惡」，但這個「惡」並不是說人性——人類的本質——是「邪惡」的。事實上，荀子認為欲望是樸素的，他的原文是：「性者，本始材朴也。」能夠合理的滿足、節制欲望，使舉止合宜，那就是「善」的。相反的，無法克制欲望的流竄，在欲望的驅使之下越過了自身的身分界線，出現了爭奪與暴力，破壞了人際互動的「禮義」，那才是邪惡的。荀子稱之為「犯分亂理」，並以此定義所謂的「惡」。

樸素的欲望，也就是荀子講的「性」，能透過學習「禮」，去明白人與人如何相處，從而將欲望轉化為人類的文明，荀子稱之為「偽」。這個「偽」不是「虛偽」，而是「人為」。荀子極為重視這個過程，認為人類的文明建立在對欲望合理的給予與克制。如果沒有「禮」的調節，那欲望會走向爭奪與暴力；反過來說，如果沒有欲望的驅動，那麼人類文明只是浮在表面的儀式與動作，欠缺了智慧與自制所散發的理性光輝。

讓我們回到愛情。在一些比較保守的人的觀念裡，情欲是一種毒蛇猛獸，輕易不可流洩出來，最好連談論都不要談論，能藏得多隱密就多隱密。然而這其實無助於好的社會秩序，反而會造成更多扭曲的情欲滋長。用荀子的說法，首先我們要承認情欲是正常的，跟吃飯、喝水、睡覺一樣，需要合理的滿足，更需要在人際關係中畫出理想的界線。尤其情侶與夫妻，更需要好好面對並理解雙方的情欲需求，進而溝通一個最合適的互動方式。

情欲不是邪惡的，但任何一種欲望都不可以使之瀰漫不可控制。人與人之間有許許多多的相處面向，情侶之間當然也不會只有情欲，還會有許多情欲之外的情感交流。在電影院好好的看電影，日常相處好好的說話聊天，出門好好的散步，晚上好好的睡覺，這些也都是需要理性經營的。

合理的滿足雙方的情欲需求，同時也合理的滿足情侶互動的每一個環節，情欲不應該被閹割，也不應該占據每個角落。情感與表現在各方面都是平衡的，美好的，情侶之間當然也需要以禮相待。

相處時永遠只想著跟伴侶上床，或是反過來抗拒一切親密接觸，可能都不是理想的互動。雙方無法獲得共識，反省與溝通是必須的，但覺得自己可恥，那倒也不必。但如果雙方的情欲都需要更多的滿足，情侶之間私下相處和諧，公開場所合乎人際禮儀，那又何需他人來定義什麼是正常，什麼是不正常？

《荀子》

人之性惡，其善者偽也。今人之性，生而有好利焉，順是，故爭奪生而辭讓亡焉；生而有疾惡焉，順是，故殘賊生而忠信亡焉；生而有耳目之欲，有好聲色焉，順是，故淫亂生而禮義文理亡焉。然則從人之性，順人之情，必出於爭奪，合於犯分亂理，而歸於暴。故必將有師法之化，禮義之道，然後出於辭讓，合於文理，而歸於治。

凡古今天下之所謂善者，正理平治也；所謂惡者，偏險悖亂也：是善惡之分也矣。今誠以人之性固正理平治邪，則有惡用聖王，惡用禮義哉？雖有聖王禮義，將曷加於正理平治也哉？

性者，本始材朴也；偽者，文理隆盛也。無性則偽之無所加，無偽則性不能自美。性偽合，然後成聖人之名，一天下之功於是就也。

感性的戀愛，理性的生活

我有一個多年的好友，是個在好朋友面前說話葷素不忌，愛開玩笑也樂於被開玩笑的人。當年他單身空窗許多年，熟人相處聚會，常常聽他滿口自嘲，接受大家嘲弄之餘，偶爾突如其來的反擊，逗得大家哈哈大笑。那些玩笑話多半與他單身卻豐富的性生活有關，我們知道他平日工作需要一板一眼的面對客戶與同事，只能在這樣的聚會場合肆無忌憚的火花四射，也特別喜歡鬧鬧他，逼他講出更多不知是真是假的黃色笑料。

後來他終於談了戀愛，小倆口感情和睦。沒幾年傳出要結婚了，一眾好友在他婚前有個聚會，碰巧他未婚妻有事沒來。我們就像從前一樣，嘴上打打鬧鬧著，他突然以一種極為誇張的姿態正襟危坐，用中學生演講比賽的說話方式大聲宣告：

「余某某人，是個色胚、禽獸，但即將於某日與某某小姐結為連理，從此衣服穿好，當一個衣冠禽獸。要洗心革面，誓以至誠，恪遵憲法，效忠我家，不徇私舞女，不受獻身，小老弟尿尿完都會收好，手洗乾淨絕不亂摸……」

他的誓詞又臭又長，大夥邊聽邊笑，倒也明白了他這番宣告的用心。之後他幽默風趣依舊，但那些黃色笑話就再也沒有更新了。

對很多人來說，談戀愛是一種全然「感性」的事情，是直覺的、衝動的，更加自由與澎湃的表現。這也沒錯，愛情需要一些衝動，去嘗試鬆動舊的人際關係，如果能獲得正面的回應，就能更大膽的把愛釋放出去，乃至於破壞掉「朋友」，或其他人際關係名分的界線。

然而愛情不能只有感性而已。在熱戀期濃情蜜意之時，各種誇張與失序都顯得「合理」，各種不滿與摩擦也都「沒關係」。剛剛交往的情人可以連續熬夜三天三夜衝去看星星，可以一個晚上喝掉數公升的烈酒，可以在大街上嘶吼我愛你，可以在熙熙攘攘的人群中間恣意擁吻。但生活畢竟不能這樣過，那樣的「合理」並不是真的合乎道理，對於無法接受的作為認為「沒關係」，也只能是一時的。

相對於浪漫、熱情、令內在情感自由發動的感性，人類的「理性」則是審慎的衡量各種外在客觀資訊，從而做出最好的判斷。使人盲目的愛情會讓人感受到甜美，當然也會讓人嘗到許多苦果，因此理性的力量必須隨侍在側，甚至必須成為人類的主宰力量，維繫人與人之間，人與天地萬物之間的秩序。

荀子是古代思想家中，最重視理性的一位，在他的理論當中，「心」的理性判斷能力必須永遠居於第一順位，用這樣的理性能力去駕馭情感與欲望。荀子強調：

心是身體的君主，必須用心去管理身體，不能倒過來讓身體控制心靈。

在許多性侵害或性騷擾的案例中，常常會有這樣的說詞：控制不住，意亂情迷，喝酒喝到斷片，太過興奮忘了禮儀……等等。這些說詞多半很難被受害者與社會大眾接受，因為絕大多數的其他人都十分努力的維持理性，讓各種感性的娛樂與交際能順利和諧的進行。

如果那樣的說詞可以成立，那麼在娛樂產業如此發達，人際互動如此頻繁的社會裡，文明早就崩潰了。

儘管如此，我們仍不得不承認：讓心永遠保持理智是不容易的事，需要有意識的去養成、去保持。荀子引述那時代的古訓：「人心之危，道心之微。」人的心是危險容易失序的，是不安定的；而「道心」，也就是維持理智，做出正確判斷的心，卻往往是微弱的，容易被遮蓋、被隱藏、被忽略。正因為如此，成年人是否被視為成熟穩重，往往在於他是否能維持理性的心去面對世界，而不至於被各種欲望牽引。

當代心理學有一個很有趣的詞叫做「杏仁核劫持」（Amygdala hijack），描述大腦中產生情緒反應的部位受到刺激，從而使「非理性」的中樞神經取代了理性部位，主宰了整個大腦運作。這個說法暗合了古人所謂「人心之危，道心之微」的情況，人類的理性，冷靜客觀的判斷能力，其實是相當脆弱的。

理性「心」需要鍛鍊，跟身體肌肉一樣用進廢退。但「心」與欲望卻不是矛盾衝突、此消彼長的關係，相反的，如果「心」能駕馭欲望，便能引導欲望合理的被排解與滿足。荀子原文叫做「道欲」，這個「道」同「導」，也就是「導欲」。如此一來身體就不會受困於欲望，欲望也不會受困於長期的壓抑，客觀環境的資源也不會受困於欲望的放縱而枯竭。相反的，如果欲望凌駕於「心」上，就算獲得了一時的滿足，最終也將失去一切。

另一種情況是，不管三七二十一，總之施加外力不准你有欲望，那叫做「去欲」或「寡欲」。表面上好像解決了問題，實際上卻會造成更大的問題。凡是人都有欲望，口腹之欲、聲色之欲，你透過外力去禁止，不但可能造成身體的傷害，更因「心」無從學習「導欲」，反而因身體的反抗，在外力被打破之後，造成欲望肆意橫流。

荀子說：只要心的判斷是合理且正確的，那麼就算這個人欲望再怎麼多，他的行為也不會破壞秩序的；相反的，如果心的判斷是錯誤的，那麼就算這個人毫無欲望，他的行為也是混亂的。

秩序與混亂，不在於欲望的多寡，其一在於心是否能作為主宰，其二在於心是否有理性的判斷。

理性心的合理判斷，荀子稱為「心之所可」，而情緒與欲望的牽引，則稱為「以所欲為可」。在愛情的世界裡，或許我們能透過衝動、熱情去創造新的互動方式，但無論如何，每個行動的判斷都必須來自於「心之所可」，而不能任憑欲望自行發動。面對陌生人如此，面對父母兄弟如此，面對愛人也是如此。

我那位幽默風趣，喜歡講黃色笑話的朋友，始終能分辨工作場所與好友聚會的差別，能區隔單身與已婚的差別，能區別玩笑與作為的區別。用「心之所可」去做出合理的行動，讓心永遠凌駕於欲望之上，維繫與不同人群的良好互動。

他自認好色，但同時也是個君子、好同事、好朋友與好丈夫。

《荀子》

心者，形之君也，而神明之主也，出令而無所受令。

故道經曰：「人心之危，道心之微。」危微之幾，惟明君子而後能知之。故人心譬如槃水，正錯而勿動，則湛濁在下，而清明在上，則足以見鬚眉而察理矣。微風過之，湛濁動乎下，清明亂於上，則不可以得大形之正也。心亦如是矣。

凡語治而待去欲者，無以道欲而困於有欲者也。凡語治而待寡欲者，無以節欲而困於多欲者也。

故欲過之而動不及，心止之也。心之所可中理，則欲雖多，奚傷於治？欲不及而動過之，心使之也。心之所可失理，則欲雖寡，奚止於亂？故治亂在於心之所可，亡於情之所欲。

性者，天之就也；情者，性之質也；欲者，情之應也。以所欲為可得而求之，情之所必不免也。以為可而道之，知所必出也。

這個宇宙與我的世界

思想史課程講到墨子兼愛，我問臺下的同學們：

「墨子說，我們愛自己的爸爸，就像愛自己一樣。覺得同意的請舉手。」

不少同學舉手了。我接著問：

「墨子說，我們要愛別人的爸爸，就像愛自己的爸爸一樣，覺得同意的請舉手。」

這個問題就沒什麼人舉手了。但我還是接著問：

「墨子又說，我們要愛別人的家產，就像愛自己的家產一樣，你同意嗎？」

不少同學笑著舉手了，還有人說：「全家就是我家，這個沒問題。」

「依墨子的理論類推，我們要愛別人的男朋友，就像愛自己的男朋友一樣，愛別人的女朋友，就像愛自己的女朋友一樣，你同意嗎？」

舉手的同學更多了，剛剛那個「全家就是我家」的男同學大喊：

「當然沒問題！老師我沒有女朋友！」

「那假設墨子的兼愛說真的被貫徹到底了，別人的爸爸就是你的爸爸，你的爸爸就是別人的爸爸，大家都相親相愛。來來來，所以你的財產就是隔壁同學的財產，有一天你交了女朋友，你的女朋友就是隔壁同學的女朋友喔！大家要相親相愛啊！」

同學們又笑。隔壁同學趕緊說：「老師我會努力比他更晚交女朋友的，憑實力單身！」

「我們換個題目吧！假設沒有房租或其他條件限制，你談戀愛之後，不想跟父母一起住的舉手。」

同學幾乎都舉手了。

「你身邊的好朋友談戀愛之後，你覺得有異性沒人性的舉手。」

一堆同學飛快的舉手。

「那你談戀愛之後，有時間的話，想繼續跟朋友連線玩遊戲，還是跟情人兩個人私底下連線玩遊戲？」

「老師，別人有異性沒人性不行，我有異性什麼都可以！」

同學笑鬧中，隔壁同學趕緊補了一槍：「別忘了，你的女朋友就是我的女朋友喔！」

「無論如何，對待父母，對待朋友，跟對待女朋友就是不一樣，對吧？」

大家都同意了，我接著再問：

「那麼來個萬年老哏，談戀愛必問的問題吧！假如你媽媽跟你的情人，同時掉進了水裡，你會救誰？」

前面單元講了不少有關名分與相處分際的界線問題，大抵上是強調跟不同的人互動，各有各的禮義，不要輕易的去逾越。除此之外，即使是在界線之內，相處的方式也是要努力的彼此溝通，找出最合理，雙方都舒適的相處方式。

然而就算我知道該怎麼跟父母、朋友、情人相處，但我就只是一個人，我該如何跟這麼多人相處？比方說連續假日到了，父母希望我回家，情人希望一起出國去玩，怎麼辦？除此之外，可能還有老闆希望我加班，朋友希望我出席同學會。我自己也有想做的事，拖很久了，想要趁這個連假完成。比方說完成房裡的兩千片拼圖，或完成一次自行車環島之類的。

萬年老哏之所以歷久彌新，或許正因為那確實是一個不得不問的問題。說得更極端一些，你的父母、朋友、情人，還有自己，通通都在水裡，順便把老闆（代表事業與鈔票）也丟進水裡好了，但你只有一個人，能力有限，時間更有限，一天只有二十四小時，該如何取捨？你會怎麼選擇打撈的順序？

讓我們先看看古人怎麼做。封建時代的人際關係以「親屬」為中心，往來互動各有禮儀。其中最重要的，聚集最多親屬、臣僚、師友的禮儀是喪禮。這麼多人為了某個人的喪禮而聚集，便不得不將人群依親疏遠近分類，各有各的衣著服飾，並根據不同的人群類別，不同的親屬等級，各自行不同的禮。這種將周遭的人群依關係親密程度分類的制度，叫做「喪服」，因為大致分為五個等次，所以又稱「五服」。其中有各種不同的原則與變化，形成一套精密且被共同接受的人際關係系統，並擴張到喪禮之外，成為古代社會決定人際關係重要性的依據。

現代社會的人際關係比以往複雜百倍，同時也更重視個人的獨立性，五服制度早就不合時宜了。但是這種依重要性將身邊所有人際關係進行分類排序，形成一套從最親密到最疏離，只屬於自己的系統序列，仍然具有依循的價值。

最擅長「禮」的荀子，是一個喜歡提出各種原則，並根據原則來排序人群的不同樣貌，最後將各種不同的人放進一個整體系統裡的老師。前面提到，不同的關係會有不同的名分與分際，這可以說是「分」的原則，將所有的「分」整合在一起，則是「群」的原則。簡單說人人各得其所，在界線內自在愉快，那是「分」；所有的「分」能朝著共同的方向前進，和諧共處，那是「群」。

荀子所講的大多跟政治有關。君主最重要的任務是什麼？荀子說是讓人民全體整合起來，促進國家社會的進步，也就是「能群」。那麼什麼是「能群」呢？荀子接著依序提出了四個原則，稱之為「四統」，分別是：

「生養」：使百姓豐衣足食，人口增長。

「班治」：不徇私，公正的建立各項制度。

「顯設」：依據每個人的才能與道德，將合適的人放在合適的位置上。

「藩飾」：依據貴賤輕重，讓不同位置的人得到不同的待遇。

現代社會強調個人的獨立自主，人都是自己的君主，可以自己為自己的人際關係建立一套系統。我們可以同樣以大見小，嘗試超譯一下荀子的「四統」，讓它用在個人的人際關係上，也就是：

「生養」：努力的拓展人際關係，經營人脈。

「班治」：客觀的思索面對不同關係的最佳相處模式，推己及人，不自私自利。

「顯設」：將身邊的人分類，釐清彼此的身分與界線。

「藩飾」：將身邊的人依重要性排序，並決定相處的優先次序與經營關係的心力。

一般來說，人際關係多彩多姿的人，多半朋友很多，往來交際的工作夥伴、客戶、師生等不同關係也會多，那是「生養」。不同的關係要有不同的相處方式，而且不能只考慮到自己，也不能全部一視同仁，要各自形成相處原則，那是「班治」。什麼人放在什麼分類位置，那是「顯設」。什麼分類位置的人，給予什麼樣的重視與心力，做出差別待遇，那是「藩飾」。

你怎麼對待朋友？怎麼對待情人？怎麼對待父母手足？這個人是別

人的情人，同時也是你認識，甚至頗為親密的人，你能用情人的方式對待他嗎？當然不行。其中必然是有界線的，「班治」就是將所有界線都搞清楚。不僅是界線的問題，同樣都是朋友，這個朋友跟那個朋友的親密程度不一樣，朋友之間也是有親疏遠近的。誰是你的兄弟、閨蜜？誰頂多算是點頭之交？誰又是應該疏遠的壞朋友？「顯設」的工夫做好了，你就知道你更應該把心力放在誰的身上。

古人特重家庭，當然有其道理。父、母只有一個，手足只有幾個，是不是應該好好珍惜？

把別人的爸爸當作自己的爸爸，像墨子主張的那樣，沒有分別，一視同仁的兼愛，不能說那一定是錯的。只是兼愛到底，必然全然的奉獻自我，如宗教家一樣，失去家人、朋友。因為不能有分別，所以必然失去所有的親密關係，更別說談戀愛了。

然後，每個人都不例外，一開始形成的人際關係系統中，肯定是不會準備「情人」位置的。換言之，情人是一個外來的，破壞、整建原系統的一種存在。

你把自己的情人放在哪裡？下個單元我們繼續聊。

《荀子》

道者，何也？曰：君之所道也。君者，何也？曰：能群也。能群也者，何也？曰：善生養人者也，善班治人者也，善顯設人者也，善藩飾人者也。善生養人者人親之，善班治人者人安之，善顯設人者人樂之，善藩飾人者人榮之。四統者具，而天下歸之，夫是之謂能群。……

省工賈，眾農夫，禁盜賊，除姦邪：是所以生養之也。天子三公，諸侯一相，大夫擅官，士保職，莫不法度而公：是所以班治之也。

論德而定次，量能而授官，皆使人載其事，而各得其所宜，上賢使之為三公，次賢使之為諸侯，下賢使之為士大夫：是所以顯設之也。

修冠弁衣裳，黼黻文章，琱琢刻鏤，皆有等差：是所以藩飾之也。

在我的世界裡，你被放在哪裡？

有個老朋友是眾所周知的工作狂，自從他畢業投入職場之後，幾乎是全心的投入。平日勤快的處理各種文件，晚上與週末則四處拜訪客戶，理當休長假時，又半自費的前往海外進行業務考察與產業交流。

聽聞他談戀愛了，幾個好友相當吃驚，趕緊想辦法約他聚會。他說，等他從歐洲回來再跟大家好好聊聊。這一等就是半年，夏天等到冬天，終於約成了。沒想到見面時，他又恢復單身了。

「剛交往前幾個禮拜還有正常約會，但後來工作一忙，在歐洲時就提分手了。想來也是，畢竟一轉眼有三個月根本沒見過面。」

另外還有個朋友，也是個整天忙於工作而單身的人，不過他總是努力的擠出時間給休閒興趣，因此跟朋友三不五時會見面聊天。嚷嚷著單身好多年之後，某回見面，發現他跟另一個朋友互動親密，沒幾週，聽說他們在一起了。

兩人原本分隔兩地，見面相當困難，但也十分努力的調整彼此各自的工作型態，打算過兩年要結婚。他說：

「想談戀愛、想結婚、想生小孩，這麼多事情要做，當然要想辦法把時間湊在一塊啊！談戀愛又不是談給老闆有個交代的。」

我們所身處的這個客觀宇宙裡，有各式各樣的人，有國家、法律、習俗等不同的秩序。我們所有人，都身處這個客觀宇宙當中。然而上一單元提到，我們應該將自己的人際關係好好的整理整理，在心裡形成多個清晰的序列，包含了不同的人際關係、人與事各自的重要性、相處方式、輕重緩急、差別待遇等等。那麼在這個客觀宇宙中，你相當於建立了一套以你的自我為中心，以親疏遠近為排列的秩序系統，這套系統是專屬於你自己的「世界」。

如果你能妥善安排不同的身分與界線，讓自己的心力能舒適、合宜的分配給每個系統部件，那麼這個「世界」肯定是和諧而持續前進的。相反的，如果你感到心力交瘁，常常有應付不來的情況；或是感到空虛寂寞，覺得不被需要也沒人可以傾訴，那麼你的「世界」便是萎縮、混亂或停滯的。

每個人所建構出來的「世界」都不太一樣，一般來說隨著年紀增長，處事歷練越來越成熟，這個人的「世界」就越完整，越精密。如果他的能力與效率也能進一步提升的話，那麼他就能拓展更多的人脈與事業，使他的「世界」越來越寬闊。

然而人畢竟是有極限的，有些人把生活排得滿滿的，半點空間沒剩下，又捨不得割捨原有的部分，一點彈性也沒有，那就很難開展新的關係。

我那個工作狂朋友，便是如此。對他來說，與情人之間不是沒有愛情，只是他把情人的順位擺在工作後面。在他的世界裡，情人沒有位置擺放，當然只好拋棄愛情。

另一對情侶／夫妻朋友就不一樣了，他們兩人都清楚的意識到：如果不能把自己的世界騰出一些空間來，那愛情是無處安放的，更別提伴隨他們的愛情而來的家庭生活。為此只好割捨掉一些其他部分，為即將碰撞的「兩人世界」做好準備，迎接新的變化。

人都生於父母親情，然後與手足之情、友情一起成長，而愛情是青春期過後，多數人渴望擁有的新變化。青春年少第一次開啟了新戀情，往往一舉躍升至所有情感關係最重要的位置，逼迫其他所有人際關係退讓重置。學生時期生活單純，適應新變化相對容易，但學生因為談戀愛導致交友圈縮小、財務狀況惡化、課業受到嚴重影響的，所在多有。若再加上社會對情欲的負面觀感，往往演變成「學生不要談戀愛」這樣權威教條式的規定。

面對變化，可以有許多不同的處置方式。抗拒或排斥變化當然也是一種手段。但理想來說，應該是讓愛情、讓情人能夠和諧的、合理的加入自己的世界當中。和諧的且合理互動就是「禮義」，掌握「禮義」不但能使人際關係彬彬有禮，也因為能掌握不同的親疏遠近，輕重緩急，而使自己更能順應變化，調整應變，讓新舊秩序順利交接。

荀子的學說多半集中在政治領域上。他認為理想的治國者，也就是「大儒」或「聖王」，必然能掌握萬事萬物背後共通的原則，就算遇到了新的變化，也能快速的作出反應，將其納入原本的禮制法度之中，彷彿預先做好了準備。這種共通的原則，不論是孔子、孟子、荀子都一樣，就是「仁義」。儒家的「仁義」可以說就是一種「基於人情的合理行動」，而合情合理的行動反覆的作，變成了習慣或規範，那就是「禮」。

以禮相待，是所有人際關係都應該努力做到的。荀子特別重視「禮」，因此講「禮義」比講「仁義」更多，講「義」比講「仁」更多，不是他反對「仁」，而是因為他強調更規範化、更明確的人際關係。

如果世界出現了新的變化，荀子說能以「義」為核心去調整的，那是最好的，那是「王」者；退而求其次，以誠信法度為核心，也就是承諾過的優先保留，那是「霸」者；再其次，是以最保守最安全的方式去處理，那是「安存」者；再其次，以利益為核心去處理，為了利益甚至不惜欺騙他人，那是「危殆」者；最後則是沒有什麼核心，用權謀不斷的去詆毀、陷害他人，那是「滅亡」者。

荀子特重智慧，希望通曉萬事萬物共通原則的大儒能夠成為君主。那我們如何拿來面對「愛情」呢？就像上一個單元說的，你能否透徹且全面的去瞭解你的世界？在你的世界裡的每個人，每件事情，你都清楚明白先後次序，而且是基於「理性」的，是「心之所可」，而不是「欲望」的，不是「以所欲為可」。這種透徹且清晰的認識，能夠幫助你在面對包含新戀情在內的每個新變化時，都能掌握取捨之間的「義」。從而讓你的世界向你的目標邁進。

「王」者是和諧而不斷前進的。「霸」者則多少會有些不和諧，爭執與不滿，但還是能有所收穫。「安存」者保守而停滯。「危殆」與「滅亡」，在愛情的世界裡最好趕快離開。

「禮」是互動的，而不是單向的。以荀子的「義」為核心去處理戀情，久了自然明白下一步該怎麼做。如果你與你的情人能達到共識，將彼此都放在最重要的位置上，乃至於兩個人的人際互動網路，也就是兩個世界重疊的部分越來越多，那代表你們兩個可以考慮更進一步的結婚或共組家庭。同樣的，如果情人的位置被你放到很後面去，或是你在情人的世界裡始終無法擁有空間，而因此感到不滿，那麼也許是時候提分手了。

談戀愛這件事，比起長長久久，有好的關係更加重要。讓「心」的理性認識能力可以遍及自己世界裡的每個位置，使工作狂可以好好的工作，談戀愛的可以好好談戀愛，有時候分手也不是壞事。

《荀子》

法先王，統禮義，一制度；以淺持博，以古持今，以一持萬；苟仁義之類也，雖在鳥獸之中，若別白黑；倚物怪變，所未嘗聞也，所未嘗見也，卒然起一方，則舉統類而應之，無所儗怍；張法而度之，則晻然若合符節：是大儒者也。

故用國者，義立而王，信立而霸，權謀立而亡。三者明主之所謹擇也，仁人之所務白也。

具具而王，具具而霸，具具而存，具具而亡。用萬乘之國者，威彊之所以立也，名聲之所以美也，敵人之所以屈也，國之所以安危臧否也，制與在此，亡乎人。王、霸、安存、危殆、滅亡，制與在我，亡乎人。

努力不見得獲得真愛，但真愛肯定需要努力

我身邊有對好友夫婦，從學生時期就開始交往，情侶當了十幾年之後結婚。他們還未生兒育女之前，有回一起出去玩，一夥人在度假中心住了兩天。這天早餐過後，大家一起走出旅舍，那太太彷彿想起了什麼，喊了一聲：

「啊！」

「帶了，左邊。」先生秒接話，只是極為簡短。

「那個。」太太看了先生一眼說道。

「也拿了，在右邊。」

旁邊另一個朋友忍不住笑著說：「這樣也可以對話喔！心電感應

嗎？」

同一對夫婦還有另一個故事。那時他們還沒結婚，小倆口約好了跟大家一起晚餐，太太先來了，說先生還在上班，等等會過來會合。時間到了，幾個好朋友點了餐吃飯，談笑風生。兩個小時之後，大家都吃飽了，喝著飲料接著閒聊，但先生還是沒出現。我問那太太：

「你老公怎麼還沒來？」

「大概是下班前又被主管抓去開會了吧！」

「咧？這事情常常發生嗎？」

「對啊！三不五時來一下。我常常在他公司樓下等一起吃飯，等到我餓了在街上先買點心吃。他被抓去開會多半沒辦法用手機，我只好接著等。然後又餓了，他正好趕上一起吃宵夜，哈哈。」

另一個朋友這時候插嘴了，他說：

「你沒跟他吵架喔！連個簡訊都沒有很可惡耶！工作竟然比女朋友重要。」

「餓的時候是很想吵啦！但他小主管晚餐時間抓部屬開會，小主管也是下午被大主管抓去開會，所以下班前趕緊交辦。大小水鬼抓交替啦！我是要吵什麼？吵宵夜吃什麼比較要緊。」

大家紛紛說，趕緊幫他點餐，等他來正好趕上普渡。

因為教育普及的關係，現代人基本上對於「知識的學習」是相當熟練的，儘管不同的知識難易度有區別，但只要能找到合適的途徑，獲得一定程度的理解多半是做得到的。相對之下，「人與人之間」要互相理解就顯得無比困難，一來是每個人都是獨一無二的，二來是人都是會變化的。你能理解某甲，未必能理解某乙，你能理解「現在的某甲」，也未必能理解「未來的某甲」。多數人都甚至不能充分的理解自己，隨著情緒起伏卻不知道為何如此，更遑論理解別人了。

打個比方說：人相處最久的多半包含了自己的父母，你覺得父母理解你嗎？倒過來說，你敢說你理解父母嗎？

古代有所謂五倫，君臣、父子、夫婦、兄弟、朋友。在現代社會如果要講理解，大抵上父母、兄弟姐妹這種基於血親，非得努力理解不可，不夠理解的往往面臨家庭失和。而朋友之間，算得上好朋友的，自然是因為多認識了一些，普通朋友多半止於客套問候，合得來的部分當然能互相理解，合不來的部分倒也不必勉強。現代社會沒有古時候的「君臣」關係，職場以事業與利益結合，認真該理解的其實是共同利益與事業理念，長官與同事的私生活基本上無須理會。

情侶之間比較特別。現代社會似乎也是合得來就努力嘗試理解，合不來就分手。但既然是情侶，其情感交流自然不能與朋友相同。如果說互相理解到一定程度會變成好朋友，那麼關係在好朋友之上的情人，是不是應該付出一些努力，去理解彼此的想法？盡全力不要有太多不是事實的「成見」，同時也盡全力避免或消弭「誤會」。

非常重視學習的荀子，對於理性心的認識能力也有一套說法。首先荀子將成見或誤會稱之為「蔽」，這個字用得非常巧妙。「蔽」是遮蓋看不見的意思，別人的內心本來就是被遮蔽的，但荀子的「蔽」卻是指自己。荀子說：

「凡是人都有這樣的禍患，只能看到一小部分的表象，而無法看見背後運作的真實道理。如果能好好努力去理解，那就能讓全體恢復顯露，但如果無法分辨『一小部分』與『真實道理』，那就只能混亂迷惑了。」

跟情人約會吃飯，時間到了卻受困於公司的會議室，一等就是兩、三個小時，毫無疑問的，這就是約會遲到。然而遲到只是這個狀況的表象，真實的情況是：情人下班前被長官拉進了會議室裡，無法下班，無法準時赴約，無法正常晚餐，也無法電話聯繫。比起那位在公司外逛街吃點心的，恐怕被迫加班開會的人才更加焦躁不安。這種被一小部分表象所蒙蔽的情況，荀子的原文是「蔽於一曲，而闇於大理」。

工作造成感情生活的困擾，互相調整是另一回事，但是在狀況發生的當下，能否去推理，去發現真實的道理，從而解開「蔽」？如果情人久等不耐，大發雷霆，自行離去之後手機不接，訊息不讀不回，豈不是讓「蔽」造成了更多的「蔽」？

荀子認為解開「蔽」的唯一重點，便在自己的「心」上。他提出了三個要點，稱之為「虛壹而靜」：

「虛」：過往經驗的記憶，叫做「藏」。不讓過往經驗影響即將接收的資訊，就是「虛」。

「壹」：同時接收兩個以上不同的資訊，叫做「兩」。不讓別的資訊干擾我要接收的資訊，就是「壹」。

「靜」：情緒起伏或胡思亂想，叫做「動」。不讓情緒或雜念擾亂客觀資訊的接收，就是「靜」。

「虛壹而靜」可以用在所有人事物的學習與理解上，當然也可以用在愛情生活的彼此理解上。隨便假設一些例子，比方說：

過往情人總是睡過頭遲到，那這次遲到是不是也睡過頭了？當然我們還是可以這樣推理，但其實這次他提早出門，只是忘記帶手機又出車禍了。因此「虛」可以避免成見所帶來的錯誤決斷，也能幫助你發現真相。

逛街約會一邊滑手機一邊聽情人說話，結果該聽的沒聽到，一回頭情人跑不見蹤影。其實是吃壞肚子跑去找廁所了。因此「壹」可以避免訊息受到干擾，更有效率的發現事實。

約會時看到伴侶的舊情人，還自己跑來打招呼，搞得約會心情大受影響。事實上兩人已經幾年沒有聯繫，打完招呼過一陣子伴侶才想起來那人是誰。因此「靜」可以避免理性心被情緒操弄，從而影響戀情品質。

在人際互動上，如果能時時刻刻透過「虛壹而靜」去理解對方，相處的時候，便永遠能挖掘到身邊的人在意的部分，永遠能掌握到背後的真實道理。「虛壹而靜」是一種心上的工夫，要貫徹於生活上的全部，需要一些時間的淬鍊，但用在你最在乎的一個人身上，你最愛的那個情人身上，卻比你想像的要容易一些。

單方面的努力理解，有時候只是單方面的努力，對方卻遲遲不願意回應你的努力，這種感情多少令人氣餒。然而很多時候你的努力是會感染對方的，尤其情侶之間，原則上應該是純粹因彼此相愛而結合的，比起對父母、兄弟、朋友、同事等，更容易形成互相理解，共同進步的情況。

沒有任何人生來就能完全理解另一個人，父子之間如此，即使是雙胞胎也是如此。但透過努力，可以達到「恕」的極致，彷彿心電感應，有無窮的默契。

而真愛往往在持續不懈的努力中誕生。

《荀子》

凡人之患，蔽於一曲，而闇於大理。治則復經，兩疑則惑矣。

人何以知道？曰：心。心何以知？曰：虛壹而靜。心未嘗不臧也，然而有所謂虛；心未嘗不兩也，然而有所謂壹；心未嘗不動也，然而有所謂靜。人生而有知，知而有志；志也者，臧也；然而有所謂虛；不以所已臧害所將受謂之虛。心生而有知，知而有異；異也者，同時兼知之；同時兼知之，兩也；然而有所謂一；不以夫一害此一謂之壹。心臥則夢，偷則自行，使之則謀；故心未嘗不動也；然而有所謂靜；不以夢劇亂知謂之靜。

那些我不能決定的，該怎麼辦？

剛開始教書的時候，可能跟學生年紀更接近些，有時候上課分享自己的經驗之後，會有學生來給予一些回饋。那天講到我高三推甄上了中文系，當時我高中的國文老師卻頗反對，認為念中文系找不到工作，沒前途，叫我趁早轉系。考上碩士班後開同學會，國文老師又說了一次同樣的話，還對我搖搖頭。

我跟學生說：「我一路念到博士畢業，現在開始教書了，作為國文老師，我要告訴你們，前途多半是自己走出來的。」

有個即將畢業，回頭補修大一課程的學生聽完這個故事之後，跑來跟我說：

「我女朋友也覺得我念的科系沒什麼用，他說一次我就再說明一次，我念這個是因為我喜歡，我做好所有我可以做的事情，如果找不到工作，那應該就是這個世界的事情了。」

學生說得豪氣，又補了幾句，令我印象深刻：

「高手不會沒前途，隨波逐流才會。」

這個學生後來是不是還是跟同一個女朋友在一起，我不知道，但幾年之後，社群媒體上可以看到他事業有成，即將要結婚。

多年後，另一個學生找我聊天，他說男友以及男友的家人都瞧不起他就讀的科系，真沒想到竟然因為大學念的科系搞到可能分手，說到黯然神傷。我說了上面這位他學長的故事給他聽，順便也開導他說：

「有時候不管你多優秀，瞧不起你的還是瞧不起你。別人怎麼想不是你能決定的，但你可以決定自己要做什麼，你的決定未必能影響別人，但你的猶豫卻會助長那些瞧不起。」

思想史有個非常重要的議題，談論的是「天人關係」。古人對於能劇烈影響自己的生命，卻無法由人掌控的「天」，有時候充滿了敬畏，有時候充滿了無奈，因此發展出了許多不同類型看待「天」的學說。最有影響力也是最源遠流長的，是具有宗教意味的「天」，華人世界至今仍向「天公伯」祈求各種祝福。另外有一種以董仲舒為代表的「天人感應」學說，認為「天」是無所不在的超越存在，能對人的思想、行為做出回應。想要求雨，就要叫男子盡量藏匿起來，要止雨，就要叫女子藏匿起來，因為天地會跟同性質的東西互相感應，彼此呼喚。

主流儒家多半把「天」當作一種倫理道德的最高表現，簡單說就是「天」代表善良，如果人可以貫徹善良，那「天」與「人」就是一體的，叫做「天人合一」。

但荀子有不同的看法，他偏偏要講「天人之分」。難道荀子認為天不是善良的？或人不應該善良？不是的，荀子的意思是：天有天的工作，人有人的工作，人做好自己該做的與能做的，也就是透過合理與適當的管理，讓天地萬物、國家人群、以及人類與自然之間，通通都和諧美滿。

這就是荀子的「天人之分」。

雖然傳統文化至今依舊深深的影響了我們的生活，但現代社會對於「天」的看法跟過往很不一樣，多了許多科學探索的結果。有些科學至上主義者將古代談的「天」通通視為迷信，說實在的有些可惜，其實只要轉個念頭，那些天人關係理論都是很好的人生比喻。

我喜歡這樣子去理解荀子的「天人之分」：所謂的「天」，指的是那些自己無法干涉的部分，所謂的「人」，則是自己作主可以改變的部分。如果把荀子的理論當作一種比喻，那所謂的「天人之分」就是不去爭奪那些不能干涉的部分，但做好一切自己能做的事，擴張自己的影響力，使自己以及自己周遭的人，都一起變好。

我沒忘記這是一本講愛情的書。如果天人關係是個愛情關係比喻呢？我們都明白很多事情是自己無法干涉的，比方說別人的父母；另外還有很多事情是我們以為自己可以干涉，但實際不行，比方說別人的想法。有些事情是知道了也無濟於事，或實際上與自己毫無相關，比方說父母的職業，或他人的嗜好與政治傾向等等。

荀子說，天有天運行的一套規則，不會因為聖人堯舜而運行得更好，也不會因為暴君桀紂而消失。有些事情雖然很重要，但你說再多，做再多，都無法改變什麼，這表示那不是你的事。這不代表你應該對別人冷漠，儘管自掃門前雪，荀子不是這樣主張的。事實上荀子希望人們積極的去拓展生活，去治理天地。

如果拿來講愛情的話，就是打理好自己，也盡力影響別人，讓彼此的關係越來越好。但那些與你無關的，你完全沒有插手空間的，就留給對方自己處理，不去爭奪主導權，或打破砂鍋問到底。

前面提到，談戀愛其實是一種生活上的劇烈變化，你的人際關係與你的生活世界，會被迫因為情人的出現而需要大規模的調整。這種調整需要雙方共同努力，根據「禮義」，努力彼此瞭解，要讓出自己世界的一部分，去接納對方，讓對方可以參與你的世界；同時也要參與對方的世界，努力讓兩個不同的世界可以結合在一起。

你的人際關係、你的世界，理論上是你能控制的，可以稱之為「人」；別人的世界，如果與你有所來往交疊，父母、兄弟、朋友，當然也包含情人、夫妻，總有你無法干涉的部分，那就是「天」。雖然無法干涉，但因為你們的世界有所重疊，你可以透過為對方讓出更多空間，或透過更好的自己，去影響對方處理他的世界的方式。

從字面來看，不去干涉天的工作，也就是「明於天人之分」，跟「治理天地」的理想似乎是矛盾的事。但荀子認為，明白「天人之分」與「治理天地」不但毫不衝突，相反的，想要治理天地，就非得「明於天人之分」不可。這其中有深刻的啟發，值得我們作為談人際關係、談戀愛的舉一反三，依此類推。

美好的「禮」，是一種完美的分工合作，在往來互動中不斷的調整，不斷的努力向前。有時候我為你犧牲了一些空間，有時候你允許我進駐了一部分你的世界。但無論如何，每個人都會有一些不受干涉的部分，如果那個部分不會影響你們彼此的關係，也不會妨礙你們前往共同的目標，那麼明於天人之分，才是治理天地之道。

當然我們可以倒過來說，在互動關係的基礎上，或對未來方向的掌握上，你或對方各自毫不退讓，無法調整。那表示你們的世界是彼此排斥的，不如放手各自好好過。

最後說明一點，古代的「天」與「人」是不可能分手的，古代的儒家又對「理想的未來」極度的樂觀，毫不退讓。這種樂觀遇上了以維持權力，維護秩序為重點的政治權威，便直接規定了「君為臣綱，父為子綱，夫為妻綱」這樣的關係，為虛假的完美和諧提供基礎。

那是古人的悲劇。幸好我們不活在古代，我們的「禮」可以比古人更平等，更有彈性一些。

《荀子》

天行有常，不為堯存，不為桀亡。應之以治則吉，應之以亂則凶。彊本而節用，則天不能貧；養備而動時，則天不能病；脩道而不貳，則天不能禍。故水旱不能使之飢，寒暑不能使之疾，祆怪不能使之凶。本荒而用侈，則天不能使之富；養略而動罕，則天不能使之全；倍道而妄行，則天不能使之吉。故水旱未至而飢，寒暑未薄而疾，祆怪未至而凶。受時與治世同，而殃禍與治世異，不可以怨天，其道然也。故明於天人之分，則可謂至人矣。

不為而成，不求而得，夫是之謂天職。如是者，雖深、其人不加慮焉；雖大、不加能焉；雖精、不加察焉，夫是之謂不與天爭職。天有其時，地有其財，人有其治，夫是之謂能參。舍其所以參，而願其所參，則惑矣。

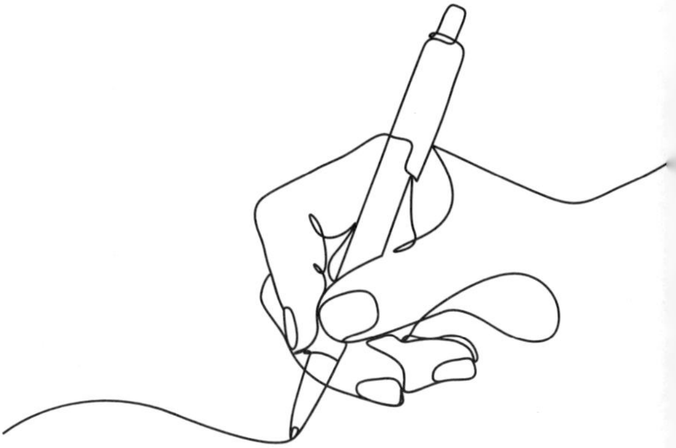

失戀選修課

學習分手

我就是我，無須任何證明

多年前，一個非常要好的朋友，與交往數年的女友因工作分隔兩地，儘管他努力維繫感情，但女友仍然越走越遠，提出了分手。朋友不肯，於是女友要求，至少給他三天的時間思考，不要聯繫。為了挽回，這位好友寫了情書，買了花，熬夜做了全手工的飾品。三天後，天一亮就到女友家站崗。

兩人還是分手了。這位痴情好友打電話跟我哭訴，哽咽著說：「我的生命都在他身上了，現在活著有什麼意義？」

在這本書的開頭就曾經跟大家分享過，我很喜歡問學生：「你是誰？」這個問題。讓大家思索一下自我的本質，同時也思考貼在身上那些標籤，也就是各種「名」，是否能與「真實」完全連結。你是「學生」，你是否擁有「學生」的本質，以各種知識與技能的學習為要？你是「老師」，你是否承擔著傳道、授業、解惑的責任？你是公司的主管，你是否做出了符合主管位階的貢獻？

你與某某是「情侶」，你的心中，是否有著那個真實的情感？得以支撐著「情侶」這樣的名？感情是互相的，倒過來說，那個人是否喜歡你，與你共享情侶之名？

儒家的「正名」論有個預設，認為人應該努力充實自己，用更強大的真實，去承擔更多的名。然而這世間未必能如此順利，常常你付出了極大的努力，卻受限於自己無法決定的部分，導致無法獲得理想中的「名」。因此你的自我認知裡，你無法名實相符，更無法名正言順。這是個古老而普遍的議題，叫做「懷才不遇」。不必另外舉例，孔子本身就是個最具體的例證，他「知其不可而為」，始終不能成就理想，因此「無置錐之地」，在封建時代沒有得到任何領地可以實踐他心中的禮樂教化，所以說沒有一個可以放錐子的地方。後世以「素王」、「聖人」稱呼孔子，盛讚孔子樹立的道德高度與精神，但也不得不承認，孔子所傳之道，未嘗一日得行於天地之間。

說遠了，讓我們更貼近一些。「愛情」這種東西，不是你孜孜不倦的努力，發憤忘食，學而不厭，就可以獲得的。無論你如何努力變成一個更好的人，「愛情」依舊可能是求之有道，得之有命，有沒有另一個人決定如你愛他一般的愛你，是不可跳過的關鍵。

世間許多事情都是如此，因此早就有人對儒家那套奮發向上，努力不懈的精神提出了懷疑，甚至更進一步的去思考到底什麼是「真實」。

對儒家來說，每個自我都會有各種不同的身分，也會有不同的面向，需要逐一給予合適的「名」，讓人際關係有個依據。但跟孔子可能同時代的老子，對於「名」卻有著完全相反的看法。老子認為，任何「名」都不是必要的，因為「真實」不需要名，也無法清楚的給予名，所以必然是「無名」。

每一個標籤，都應該對應著真實的內涵，如學生之於學習，老師之於授課，情人之於愛。然而這些真實的內涵都未必是永恆的，學生畢業了，老師退休了，情人不愛了。

無法永恆的真實還是真實嗎？稍縱即逝的愛能算是愛嗎？曾經愛到將對方當自己的生命，如果有一天對方不再愛了，那該怎麼辦？

以老子、莊子為主的古代道家思想，採取了跟儒家不同的作法。道家認為，那些暫時的，受限於他人給予的「名」，通通都是不必要的。真正的真實，應該是持久且無法被消滅的，複雜且無法明確定義的。打個比方說，現在正在看這本書的「你」，應該有個名字，如果有一天你去戶政事務所改了名字，不代表「你」變成另一個人了。如果你原本有個身分，比如說學生，不會因為你畢業了，失去了學生身分，「你」就消失了。如果你是某某人的情人、妻子、先生，不會因為你們分手了或離婚了，從此你就不存在了。

「名」只能依附於「實」，但不能成為「實」本身，所以「名」不但是不必要的，甚至是必須被剝除的。唯有把「名」去掉，才能看見人、事物的「真實」。

猶如正在看這本書的你，我不知道你的一切，但你自己肯定是知道的。不管旁邊有沒有別人，不管有沒有人呼喚你任何一個「名」，也不管你背負著什麼樣的職位與稱號。

你就在這裡，你知道，而且不需要對任何人提供任何證明，才能表示你的存在。

甚至，凡是受到外界擾動的情緒，記憶，乃至於你的意識本身，都不是必要的。因為包含你什麼都不知道的幼童時代，或你學會了某種知識或技藝在舞臺上展演的時刻，都是同一個你。你睡著了，你喝醉了，你笑著，你哭著，都不能完整表現「你」的存在，也不能抹去「你」存在的真實。

所以，將所有不必要的通通去除，回歸到「體認自我」這件事，那個才是唯一的，不可替代的。

這個去除的動作，以及去除之後那個純粹的狀態，可以稱之為「無」。

失戀多半是痛苦的，但失戀的痛苦從何而來？因為你將自我的一部分放在他人身上，一旦那個人離開了，這種自我被撕裂的苦楚便會浮現出來。而這種痛苦有時候是雙向的，因為愛情往往互相交付自我，所以被迫結束的愛情有時候雙方都十分傷心。然而自我是可以被交付出去的嗎？就像那些貼在你身上的標籤不屬於你一樣，你交付出去的自我也不屬於對方。

失戀之所以痛苦，在於我們往往將那些標籤當作自己本身，以為失去了「名」，便會同時失去了「實」。

失戀可能會造成許多生活上不得不重整的麻煩，從前有情人相伴的生活空間，或交由情人處理的日常瑣事，突然之間變得空空蕩蕩，固然難以接受。但只要「你」還在，生命便會隨著時間陸續填補這些空隙。

自我是無法被交付出去的，那些被填補起來的部分，依舊不能代表你自己。

如果能夠作好「無」的工夫，時時刻刻認識到真實的自我，不混淆「名」與「實」的差別，失戀的衝擊便會減少許多。

老子認為，宇宙萬物看得到、摸得到，可以被理解、被命名的部分，就像你的衣著打扮，身分地位一樣，都是表象。真正應該重視的，是表象背後的真實，老子勉強的稱之為「道」，或「大」，或其他名稱。真實一旦被定義，被命名，被言說，都只能是一小部分浮現出來的另一個表象。你就是你，你呈現在外面的一切，都不是全部的你，因此需要「無」。

「無」還有一個好處，任何事物的初始狀態都是「無」，「無」具有無限多的可能性，可以容納任何的「有」。相反的，一旦有了各種身分，便不得不擔負各種責任與義務，將壓縮生命的可能性。你往這邊交付了愛，可能便失去了那邊的愛，你背負了這邊這樣的身分，便不得不卸下那邊那樣的身分。因為如此，老子崇尚極為簡約的生活，保持著「無」，才能擁有最大的彈性，才是最自由的，最不受拘束的。

你不會因為失戀就失去一切的，你只是被迫學習剝去不再屬於你的名，回歸認識真實的你而已。

《論語》

子路宿於石門。晨門曰：「奚自？」子路曰：「自孔氏。」曰：「是知其不可而為之者與？」

《老子》

道可道，非常道。名可名，非常名。無名天地之始；有名萬物之母。

有物混成，先天地生。寂兮寥兮，獨立不改，周行而不殆，可以為天下母。吾不知其名，字之曰道，強為之名曰大。

道常無名，樸，雖小，天下莫能臣也。

道隱無名。

繩繩不可名，復歸於無物。

知其雄，守其雌，為天下谿。為天下谿，常德不離，復歸於嬰兒。知其白，守其黑，為天下式。為天下式，常德不忒，復歸於無極。

消逝是自然的，所以我可以做什麼？

對於戀情的結束，不同的人，在不同的階段，往往有不同的感受與抉擇。

有些人難以承受失戀的痛，乾脆從此不再付出感情；有些人能快速的復原，也快速的投入下一段感情；有些人理性上向前進了，與另一個伴侶開始新關係了，卻始終不能忘懷舊愛。

我有個念舊又重感情的老朋友，在二十出頭時因為各種原因跟女友分手了，之後十幾年始終不願意去嘗試接觸可能的對象。他總是保留著所有的紀念品，不僅止於過往的戀情而已，所有對他來說有特殊意義的事物，他都捨不得丟棄。

重感情不代表無法放下過去。另一個認識二十年的朋友，談戀愛時放閃曬恩愛，能多大方就多大方，毫不客氣。有一回聚會，他單身赴約，來了卻淡淡的說：

「被分手了，原因不要問，總之最近我在整理房間，有些東西要出清了。」

大家七嘴八舌的安慰他，他笑著說：「還好啦！難過是一定的，等我心情也整理好了再告訴你們，到時候記得給我介紹漂亮女生。」

重感情也不代表感情就能長久。首先不管是哪一種感情，凡是感情都是至少兩個人的事，你重感情，深情款款的對待身邊的人，人家未必能如此對待你。其次，愛情就像龍捲風，但龍捲風沒有天長地久的，有時候平平淡淡的，沒特別說明的話甚至旁邊的人都看不出來他們是一對，結果反而細水長流。

有個我熟悉的長輩，從其他人口中輾轉得知，他年輕時曾轟轟烈烈的有過一段戀情，最終以失敗收場。這位長輩當時受傷極重，竟決定從此不踏入婚姻，因此單身數十年。雖然如此，在接近晚年的時候，他仍擁有了一位同居伴侶。兩人多數時候各過各的生活，不強求交友圈彼此認識，倒也柴米油鹽的過著慢活日子。雖然沒有婚姻關係，但彼此扶持終老，似乎也強過那些晚年分居的怨偶。

前面說，愛情是需要努力的，要透過「虛壹而靜」的工夫去理解他人，去推己及人，才能達到理想又合宜的互動。濃情蜜意的愛情肯定是會隨時間轉淡的，如果情侶之間有良好的互動，那便能持續的維繫平淡而閒適的情感。如果良好的互動無法形成，有時候是欠缺理性的溝通，導致難以彌補的衝突；有時候是兩人感情的濃淡無法同步，其中一方已經將注意力轉移到其他地方了，另外一方卻還渴望更多的交流，那該怎麼辦？

如果是前者，那應該多嘗試荀子所教的，積極的去努力。但如果經過理性的溝通，發現情況是後者，那老、莊的思維就非上場不可了。

「消逝」幾乎是宇宙萬物共通的法則，這世間幾乎沒有任何東西是確定永恆的，差別只在於時間跨度的長短。人類壽命稱不上長，因此人類的努力，某種程度或許可以有數十年的保證。然而儘管如此，總還是有再怎麼努力都無法挽回的部分。一對情侶／夫妻就算再怎麼恩愛，死亡仍是不可避免的結局，這種無法彌補的傷痛，只好透過宗教或故事來安撫（如佛教的輪迴、基督教的復活等）。

老子認為，既然消逝是必然的，那又何必那麼努力呢？順應「自然」，才是宇宙萬物的真理，才能避免更多傷害。

所謂的「自然」，就是「自己本來如此」，努力就算有一時的成效，早晚也是會失去的，無論如何都將隨著生命一起消逝。而那些已經完全質變，徹底逝去的戀情，不論是強求復合，或是強留回憶，都是無濟於事的。

「自然」是一種必然，人最好的努力是「無為」，也就是不要強行改變自然的「有為」，放手讓它逝去。

古人觀察天地萬物的規律，有個物極必反，循環反覆的觀念，老子稱之為「反」、「復」或「歸」。一棵樹開花，結果，凋零，落下的花朵果實落在根部，又腐爛，成為下一次開花結果的養分。老子說：天地萬物都是如此，最終各自復歸到根部，放手讓他復歸，那就是「靜」，就是「復命」。這是萬物的常理，不知道這個常理而強行改變的，多半會有不好的結果。

談戀愛多少也是如此。這本書寫到這裡，也講了不少故事，在我所接觸的人群當中，初戀能維繫數十年的真的不多。相反的，多數人都經歷過不止一次戀愛，在一次又一次相遇、萌芽、熱戀、平淡、爭執、分開的過程當中，獲得更多的成長，才能在合適的時間點成為某個合適的人，將最重要的那次相遇長久經營下去。

如果明明無濟於事卻不肯接受現實，強求、強留，那就會變成恐怖情人，甚至演變成騷擾，反而讓自己離理想的愛情越來越遠。

前面那位保留所有紀念品的痴情朋友，後來單身了非常非常久，等他真的看開了，青春年華也都過完了。至於那位好好整理房間，整理心情的朋友，則大約在半年後，再度開啟了新戀情。現在已經結婚生子，一家人過著平淡而幸福的生活。

對老子來說，凡是劇烈而強大的都無法持久，他反覆的用許多比喻來說明這個道理。如「飄風不終朝，驟雨不終日」，「飄」是狂暴的意思，狂風暴雨的天氣，很少維持一整天。又如「企者不立；跨者不行」，「企」是踮腳尖的意思，「跨」則是跨大步奔跑，一般來說，踮腳尖站著跟大跨步奔跑都難以長久，反而無法好好站著，無法好好前進。

老子認為，若能維持柔弱，不要將事情推向強大，反而更能長久，更能走到理想的地方。因此「弱」能勝「強」，「柔」能勝「剛」。讓我們同樣拿來比喻愛情，激情澎湃的熱戀早晚是會消退的，在熱情漸減的時候，與其強求要恢復過往濃情蜜意時期的互動，不如思考如何自然的維繫感情，如何讓彼此更舒適的相處。

數十年前，一個著名手錶的廣告詞說：「不在乎天長地久，只在乎曾經擁有。」有些人認為，與其無聊平凡的度過，不如追尋短暫而燦爛的火花，老子很顯然的並不怎麼認同這樣的說法。姑且不評價這些不同的愛情觀，以整體人生來說，「天長地久」是不可能的，但「細水長流」，拉長愛情的延續時間，與「曾經擁有」倒也未必是衝突的。

如我那位可愛的長輩一樣，「曾經擁有」之後，生活還是要過，何不放下過去，自然無為過日子呢？

《老子》

希言，自然。故飄風不終朝，驟雨不終日。孰為此者？天地。天地尚不能久，而況於人乎？

企者不立，跨者不行，自見者不明，自是者不彰，自伐者無功，自矜者不長。其在道也，曰餘食贅行。物或惡之，故有道者不處。

禍兮福之所倚，福兮禍之所伏。孰知其極？其無正。正復為奇，善復為妖。

致虛極，守靜篤。萬物並作，吾以觀復。夫物芸芸，各復歸其根。歸根曰靜，是謂復命。復命曰常，知常曰明。不知常，妄作凶。

天下莫柔弱於水，而攻堅強者莫之能勝，其無以易之。弱之勝強，柔之勝剛，天下莫不知，莫能行。

不要每件事情都摻在一起做瀨尿牛丸

幾個朋友聚會，其中一個朋友前陣子剛剛結束了戀情，其他人原本還打算安慰他，他倒是一臉無所謂，數落起分手情人的種種缺點。諸如化妝花太多時間、愛遲到、常常上網亂花錢、懶得整理房間、對未來毫無規劃等等。「他很懶得打扮，去到哪裡都像個村姑，平時也就算了，約會也是這樣。」

說著說著，另一個也熟識他前任的朋友，忍不住說：「你們也在一起好多年，總有度過一些美好的時光吧？你前面說他化妝花很多時間愛遲到，後面又說他懶得打扮像村姑。他有他喜歡的打扮，幹嘛跟你交往就要長成你喜歡的樣子？」說完，這個打抱不平的朋友跟其他人說了抱歉，找個理由就先離開了。

大家都知道：愛情不是一個人的事。但多數人卻也常常忘記：在你面前的這個人也是一個「人」，跟你一樣，有心思，有個性，有特殊的習慣，有喜好與厭惡。他會有他自己的人格與生活方式，不會跟任何其他人一模一樣，不會是任何人的附屬品。

談戀愛常常會因另外一個人的外在條件而迷惑，諸如長相、財富、地位等等。前面說，我們要透過外在條件去挖掘內在的本質，因為外在條件變化得很快，相對之下內在比較容易長時間保持一致。這裡我們不妨繼續推進一些：

人常常是複雜的，多面向的，會有各種不同的樣貌同時出現在同一個人身上，可能在工作上他是積極努力的，但對人際關係的經營與拓展就消極怠惰。可能是一個熱愛戶外運動，陽光熱情的人，同時也是個面對愛情時，非常害羞、退縮的人。

幾乎所有人都是如此，多面向也多層次的組合成「這個人」。因為這樣，任何兩個人要認真相處都不容易，越是深入認識，便越能發現各種與自己扞格之處（或驚喜之處）。人與人之間的關係也是各式各樣，因此「以禮相待」是最方便的原則，畫下界線，我們認識到這裡，接觸到這裡即可，多了不免負擔太重。

但愛情是一種親密關係，既然是情侶，總是希望彼此將一切都攤開來分享，越仔細越好。情感基礎穩固時，那些扞格衝突，在愛中多少能找到一些相處之道，這也是「以禮相待」。麻煩的是，原本十分親密的愛侶分開了，往往放大那些衝突與矛盾，遺忘了那些美好與和諧之處。

老電影「食神」裡有一句經典對白：「爭什麼？摻在一起做成瀨尿牛丸啊！」人看待自己，不同面向的摻和組合都是合理的，但看待別人，卻常常覺得他們怎麼這樣？愛情也是，談戀愛時，不一樣的部分叫做「互補」，分手時，就變得不能接受，莫名其妙。

思考自己的事，不妨嘗試將不同面向的自己連結起來，有時候會迸出很不一樣的斜槓花火；思考情人的事，也不妨多多嘗試去折衷、填補各種不同的生活樣貌，融入彼此的生活，使兩個世界更無縫接軌。

看待已分手的前任情人，倒是可以努力將那個人的不同面向都獨立看待。這個不好，不代表他什麼都不好；相反的，這點好，也未必他什麼都好。已經不是親密關係了，那就將他恢復成「不是情人」的狀態來評價。無法接受的缺點，不必再勉強自己了；同樣的，有值得當朋友的優點，也不用通通摻在一起做成瀨尿牛丸，稀哩呼嚕的攪和丟掉。

前面幾篇都講老子，這裡讓我插入一個大家可能比較不熟悉的公孫龍子。公孫龍是先秦「辯者」的代表之一，他喜歡將「名」與「實」割裂來看，並且認為每個「名」都有獨立的地位，無須從屬於其他的「名」，也不必附著於「實」。公孫龍最著名的學說叫做「白馬非馬」，簡單解釋的話，就是「白馬」這個詞彙結合了「白」與「馬」，而「馬」就只是「馬」，一個有結合顏色，一個沒有，因此這兩個詞彙是不能畫上等號的。請注意，公孫龍從頭到尾都只有討論「詞彙」，也就是「名」，並沒有要討論白馬在生物上依舊是一匹馬的「事實」。

將「名」從「實」身上剝下來，給予個別性質一個獨立的地位。將每個「名」都拆分開來看，不同的性質就互不相關，公孫龍稱之為「離」。他說：「離也者天下，故獨而正。」

天下每個「名」都是獨立自主的，不附屬於其他名、實，無須摻和在一起。

很難懂嗎？沒關係，總之失戀的時候，也許你對這個無緣的戀人不會像從前一樣，給予那麼高的綜合評價了，但不同面向的評價還是可以更公允客觀一些。為什麼要這麼做？一個失敗的戀人，也許可以是個不錯的朋友，或是一個關鍵時刻可以提供協助的工作伙伴。從情人的位階退下來之後，就算從此不再交流了，也不必將過往的一切通通都丟進垃圾堆裡，因為極端的厭惡最後會反噬到自己身上。無論如何你們曾經走過一段時間，如果這人真的一無是處，那麼作為曾經的戀人的你豈不是也一無是處？

分手不需要玉石俱焚，激烈的手段未必可以打擊你的前任，卻可能傷害你們共同的朋友，以邏輯來說，更是一種自我傷害。

分手之後，如果可以收拾好情緒，過一陣子之後不妨做一個簡單的自我測試：想一想那個跟你分手的前任情人，能不能好好的說一說：這個人有哪些優點，哪些缺點？他做了哪些事情，說了哪些話值得你回憶，又做了什麼讓你感到傷心難過？

你的快樂與憂傷真的能跟他完全連結嗎？是他有意為之的，還是無心之過？他有好好的跟你溝通過嗎？會不會其實是你想太多了，可能根本與他無關？單純因為你傷心的時候，他正好在那裡，成了受氣桶、代罪羔羊？

他可能變心了，可能做了錯誤的決定，可能在愛情的世界裡犯了許許多多不可原諒的錯。但無論如何，如果你們曾經有過美好時光，那個美好時光也值得你認真看待。將美好的與醜陋的他分開來，好好的「離」。

分手也是「離」，你們不再是「情侶」，你是個獨立的人，他也是。

如果你可以好好的「離」，你可以理性思考了，那個讓你傷心痛苦的人已經可以被客觀檢視了，那代表你已經準備好，可以嘗試走出失戀的情緒風暴了。

《公孫龍子》

白馬非馬，可乎？

曰：可。

曰：何哉？

曰：馬者，所以命形也；白者，所以命色也。命色者非命形也。故曰：「白馬非馬。」

離也者天下，故獨而正。

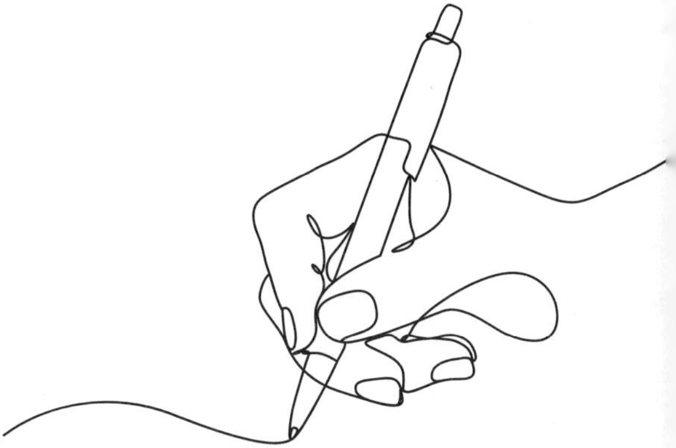

療傷選修課

從混亂中站起來

心一跳，愛就開始煎熬

下課時，一個學生拿著手機失魂落魄的往欄杆邊走去，不知道哭了多久，眼睛都哭紅了。這棟層很高，我趕緊攔住他。他盯著手機裡的照片，一張一張的滑過去，說著：「明明之前就很好，怎麼就不要我了？」

陪他說了一會兒話，確認他沒有輕生念頭，各自離去。幾天之後，見他的同學與他互動良好，又問了他幾句，他說：「老師我沒事了，我要向前走了！」

顯然同儕之間頗有扶助效果，稍稍放心。

再過幾天，他又紅著眼來到我研究室，坐了半晌沒說話。我默默的沖了咖啡請他喝，他情緒平復之後，才苦笑道謝，說：「老師會不會覺得我很沒用？剛剛在路上看到他，想跟他說話又不敢，我就又崩潰了。」

這個本來應該很受歡迎的，活潑外向的學生，就這麼為情所困。此後兩年，跟同學一起打鬧的時候笑臉吟吟，但也常常一個人對著手機、對著窗外愁眉苦臉。偶爾會來找我喝杯咖啡，跟我說，就算有機會開始新的戀情，只要舊的回憶浮出來，就會讓他覺得自己根本無法談戀愛。

他同學說：「他是卡到了啦！死腦筋，連喜歡他的學妹都受不了他了。老師千萬不要跟他聊到感情問題，他會瞬間被附身，三更半夜都要打電話跟你訴苦。」

將愛情的注意力放在同一人身上，用情專一，悃悃款款，當然不是壞事。專情多半可以讓人成長，當一個人長期的努力去瞭解，去接近，去愛另一個人，便能發現許多人與人之間相處的真諦，進而形成人際互動的基礎。前面提到，我們應該學習排序遠近親疏的人際關係，有秩序地與所有人互動，形成自己的世界。為了形成和諧的人際互動網路，多半需要將最重要的人先放好，作為「定錨」，再接著依序向下排列。這個

「定錨」，便是人際關係的基礎，掌握好如何跟最親密的人互動，便能更好的釐清其他界線。

在古代的禮教世界裡，這個最重要的人多半是父母，但是在更強調成年人獨立性的當代社會中，愛情所帶來的親密關係往往更勝父母子女之間。與父母親情不一樣的是：多數愛情並不是「注定」的，是一種可移動，可取消的關係。因此失敗的定錨，遇上執著不肯放下的人，便使人不知所措，進退失據。

面對這種因執著而進退失據的人，莊子講過一個故事：

楚國的葉公被楚王派遣出使齊國，而葉公知道齊國非常擅長敷衍各國使者，因此非常苦惱，跑去求教孔子。他對孔子說：「如果我沒把任務辦好，回國一定會被懲處，這是『人道之患』；就算辦好了，也會怕後面又出現變數，搞得患得患失，這是『陰陽之患』。我因為這樣，焦慮的不得了，還沒開始辦事就患得患失，提前『陰陽之患』了，孔夫子阿！你告訴我該怎麼辦？」

如果用愛情作比喻，「人道之患」就是生活上、身體上受到了劇烈的負面影響。而「陰陽之患」就是情緒劇烈的起伏，焦慮、憂鬱、恐懼交替出現。這兩「患」又會互相影響，害怕發生「人道之患」，便會造成「陰陽之患」；而任何時候出現的「陰陽之患」，極可能使生活與身體都惡化，造成了「人道之患」。

葉公跟我那位為情所困的學生一樣，被過往的認識弄得心神不寧，不知所措，害怕面對失敗，也害怕面對新的事物。簡單說就是「放不下」。「放不下」有兩種，一種是注意力還在對方身上，想知道他過得好不好，想繼續參與他的生活，這是放不下「人」。另一種是注意力放在過往的美好，因此無法去嘗試新的可能，只好將自己停留在現在的殘缺與孤單，這是放不下「過去」。

這學生兩種都有，過去的「人道之患」糾纏著他，導致不論是遇到舊愛，還是接觸可能的新歡，都引發嚴重的「陰陽之患」。

怎麼辦？莊子借著孔子之口，對葉公說：

天底下有幾個要特別留意的關卡，其中之一是孩子愛父母，這是不可能從心中解開的愛，是「無所逃於天地之間」的，永遠無法逃脫。愛戀侍奉父母，是不受自身地位影響，任何時候都會全力以赴的，這是「事其親」。

那麼，我們能不能「自事其心」，就像對待父母一樣，去對待自己的內心，不論外在世界發生了什麼，都全力以赴呢？

《莊子》書裡用「無所逃於天地之間」描述「子之愛親」，其實是很貼切的。人類的嬰幼兒時期極端脆弱，完全沒有任何自主謀生的能力，古人說「子生三年，然後免於父母之懷」真是一點也沒錯。養兒育女如此辛苦，因此能平安順利的長大的人，多半是得到了父母（或其他主要照顧者）豐沛的愛。這種愛會伴隨著人的一生，無論距離遠近、地位高低、生死存亡，幾乎都無法「放下」。

然而比起親子關係，「自事其心」更是一種「無所逃於天地之間」的事。父母會年老，會離去，人多少也因為獨立生活而常常遺忘要「事其親」。但無論何時何地，無論外在世界如何變化，「你」與「心」之間總是緊密相聯，共存也共亡的。

人的感官都向外使用，眼睛向外看，手腳向外張開，去認識他人，理解他人，乃至於產生感情，出現喜怒哀樂等情緒。我們常常過分專注在那個「最重要的人」身上，小時候是父母，後來是情人，再後來可能是公司老闆或小孩。也常常過分專注在某個「最重要的事」之上，可能是事業，可能是夢想，也可能是娛樂的刺激。這些東西都是外在的，都是隨時變動的，因為太過在乎，你便不得不隨之情緒起伏，造成「陰陽之患」，也造成「人道之患」。

莊子說，你最需要專注照顧的，永遠都是你自己的心。父母會離去，愛情會消逝，唯有你的心，永遠都無法離開你。所以莊子認為，在你的世界裡排序重要性的時候，無論如何都要把「自己的心」放在第一順位去愛護他，要明白外在世界有太多無可奈何的事情，不要讓這些事情去影響、傷害你的心。

世界有太多無法掌握的事，身處這個無可奈何，不得已來到的世界，更要好好的養護你的心。莊子說，要駕馭外在的物，讓心能自由自在的遨遊，在不得已的宇宙中養護自己的內在，那是最高的境界。

這是很難的工夫，但任何時候都值得開始努力。

《莊子》

葉公子高將使於齊，問於仲尼曰：「王使諸梁也甚重，齊之待使者，蓋將甚敬而不急。匹夫猶未可動，而況諸侯乎！吾甚慄之。子常語諸梁也曰：『凡事若小若大，寡不道以懽成。事若不成，則必有人道之患；事若成，則必有陰陽之患。若成若不成而後無患者，唯有德者能之。』吾食也執粗而不臧，爨無欲清之人。今吾朝受命而夕飲冰，我其內熱與！吾未至乎事之情，而既有陰陽之患矣；事若不成，必有人道之患。是兩也，為人臣者不足以任之，子其有以語我來！」

仲尼曰：「天下有大戒二：其一，命也；其一，義也。子之愛親，命也，不可解於心；臣之事君，義也，無適而非君也，無所逃於天地之間。是之謂大戒。是以夫事其親者，不擇地而安之，孝之至也；夫事其君者，不擇事而安之，忠之盛也；自事其心者，哀樂不易施乎前，知其不可奈何而安之若命，德之至也。為人臣子者，固有所不得已，行事之情而忘其身，何暇至於悅生而惡死！夫子其行可矣！……」

夫乘物以遊心，託不得已以養中，至矣。何作為報也！莫若為致命。此其難者。

戀愛的與失戀的，都是猴子

上課時只要講到莊子，有幾個故事是一定會提到的，「朝三暮四」是其中一個，「莊周夢蝶」是另一個。講到「朝三暮四」時，我都會對學生開玩笑的說：「各位猴子們，期中考給你三十分，期末考再給你們九十分，這樣好不好？」

那回梳理完朝三暮四的《莊子》原文，正好打鐘下課，跟諸位「猴子們」說休息一下。幾個跟我要好的學生在教室裡打打鬧鬧，其中一個學生跑來說：「老師老師，他就是那個猴子，跟女朋友為了週末先去動物園還是先去看電影吵架！」

被告狀的同學不甘示弱，立刻反擊：「當猴子總比你當單身狗好，在那裡煩惱應該喜歡某某還是應該追求誰誰，最後還不是繼續當單身狗？」

單身狗同學前陣子企圖展開戀情失敗了，被戳到痛處，口不擇言的反擊：「哼哼，你們早分手跟晚分手，最後都是會分手，何必吵架呢？」

我笑道：「你們不論誰輸誰贏，等等上課都會被我拿來當講課的材料，通通都是猴子。我宣布談戀愛吵架的拿四顆橡子，單身的拿三顆橡子，全班所有猴子通通都很開心，這就是『眾狙皆悅』。」

單身狗同學今天火力全開，跟我說：「期末考時一票猴子寫考卷，你認真上課也煩惱猴子亂寫，認真跟猴子打嘴砲也煩惱亂寫，所以你不是狙公，是比較大隻的猴子！」

「對，一百年後你埋在這邊的塔位，我埋在那邊的郊區，今天我們卻在這裡爭期中考三十分，期末考九十分，這樣好不好。猴子終究是猴子，可憐哪！」

玩笑歸玩笑，講課歸講課。「朝三暮四」的故事幾乎所有小學生都聽過，但認真從故事裡得到啟發，生活中能想起來自己竟然是猴子的，少之又少。國語辭典這樣解釋這個成語：「比喻以詐術欺人，或心意不定、反覆無常。」我們多半拿猴子去指責別人，取笑別人，卻很少反省自己，彷彿只有別人才會笨到去當猴子，自己永遠都可以扮演讀「朝三暮四」的人，或扮演那個「詐術欺人」的狙公。

但課堂上講這個故事，我一定先說，我就是猴子，你們也都是猴子。

「朝三暮四」故事的《莊子》原文裡，有兩句重要的論述。一句叫做「勞神明為一，而不知其同也」，意思是「勞累你的精神去追求什麼，卻不知道最後其實通通一樣」。另外一句則是：「名實未虧，而喜怒為用。」意思是「表面與內涵都沒有改變，卻有喜與怒的劇烈反應」。這兩句才是「朝三暮四」故事真正要講的簡單道理：

如果一件事情的發展我們完全沒有掌控權，而且最後的結果不會差太多，那為什麼我們要為了一時的情況而大喜大悲？

談戀愛的人多半會為了類似的事情爭執，諸如男生上廁所小解後要不要把馬桶蓋放下來？擠牙膏應該從最後面開始擠還是可以從中間？洗澡時熱水要調多熱？起床後要不要先摺棉被？洗碗後碗盤應該怎麼擺放？吃飯時餐桌該怎麼布置？洗衣服應該怎麼分類？

這些都是「小事」，每個人的原生家庭可能基於環境與習慣，各自有不一樣的原則。理論上來說，既然是「小事」，應該都是可以溝通的吧？偏偏因為這些「小事」吵架的，何止戀愛中剛剛同居的情侶，就連相處四十幾年的老夫老妻，也還在為了這些「小事」抱怨、憤怒。

溝通是為了取得共識，沒有共識，就會導致吵架。問題是吵架有用嗎？如果吵架沒用，也沒打算為了這種「小事」分手或離婚，那最終就是跟原本一樣，唯一有差別的，就是你在過程中發了一頓脾氣。

絕大多數人都曾經為了這樣的「小事」發脾氣，或自己生悶氣，那就是「名實未虧，而喜怒為用」，為了早上少給的那顆橡子而生氣。

那就不計較「小事」吧！這樣是否就不當猴子了？問題是什麼事情是「小事」，什麼事情是「大事」？臺灣三天兩頭熱熱鬧鬧的選舉，有些人喜歡某黨，有些人討厭某政治人物，國家大事，那是大事吧？家人或伴侶的立場跟我不一樣，這是大事？不可苟且，所以據理力爭，所以家庭失和，情侶分手，可以憤怒或傷心吧？

當不當猴子，要看我們以什麼樣的態度來照顧自己的生命。把時間拉長，沒有人是生下來就有情人的，談戀愛這回事，所有人都歷經了「由無到有」的過程；因為各種原因失戀了，又「從有到無」。

沒錯，開頭跟結尾都一樣，如果你失戀了，那麼那位口不擇言的單身狗同學就沒說錯：這場「戀愛」本身就是一顆橡子，你早上拿到，傍晚還回去了。

所有人都讀過「朝三暮四」的故事，但為了失戀而憤怒、悲傷、痛苦、憂鬱，所有人也都覺得理所當然。我讀《莊子》得到一個最大的啟發，就是人在情緒劇烈起伏時，往往會忘記許多早就知道的事，尤其是負面情緒發動的時候，更會忘記要照顧自己的「心」。「朝三暮四」這個故事表面上是諷刺猴子，然而狙公為了取悅猴子，費盡唇舌的調配橡子，以為自己是控制者，殊不知他其實也是被眾狙喜怒所左右的一部分。

當你想透過權謀，透過話術去掌握他人時，掌握也好，無法掌握也好，恐怕最終都不能如你所願。既然如此，又何必汲汲營營，以他人之喜怒為喜怒，讓自己也變成猴子？

莊子說，不如放下是非，放下對錯，放下有無，讓外在世界順其自然。這世間凡是存在的，最終都會消逝，戀情或許可以期待白頭偕老，但終究要面臨生老病死。任何時候都要盡量照顧自己的心，去接受無可奈何的外在世界，因此任何時候都要有心理準備：在開始之前就要明白，不管是什麼事情，最後都會結束。就像出去旅行，早晚要回家一樣，享受每一個當下，接受每一份自然，才是我們在旅途中該做的事。

我們可以在過程中為了美好的結果努力，但不必為了沒有好結果而身心俱疲。

聽起來很像是講廢話，失戀了要放下，要接受，這誰不知道？問題就是做不到。然而有時候是不想做，而不是做不到；是不知道怎麼辦，而不是辦不到。讓我們從頭開始，你真正要照顧的是自己的「心」，你要把注意力拉回到自己身上。同時更要發現：外在世界正不斷的改變，別人的心也會變，整個時代都會變，早上跟晚上可能會有三與四的差別，有時候看起來多了，不必開心的太早；有時候看起來少了，也不必憂傷的太久。你的心，不需要跟著外面的世界變來變去，否則你會變到搞不清楚自己是誰，為什麼在這裡傷心難過，沮喪埋怨。

上一個單元剛剛講過的「自事其心」，其實是一念之間的事。只是失戀了，還能不傷心嗎？看起來容易，實際上做起來非常難。嘲笑猴子很容易，意識到自己是猴子比較困難；不當猴子更困難，需要下工夫去練習，去照護。不要忘記許多早就知道的事，讓這個「知道」不止一念之間。

《莊子》

凡物無成與毀，復通為一。唯達者知通為一，為是不用而寓諸庸。庸也者，用也；用也者，通也；通也者，得也。適得而幾矣。因是已。已而不知其然，謂之道。勞神明為一而不知其同也，謂之朝三。何謂朝三？狙公賦芧，曰：「朝三而莫四。」眾狙皆怒。曰：「然則朝四而莫三。」眾狙皆悅。名實未虧而喜怒為用，亦因是也。是以聖人和之以是非而休乎天鈞，是之謂兩行。

人生如夢，你有好好作夢嗎？

有個朋友失戀了，哭得死去活來，幾個好朋友擔心他，每逢假日就輪番找他出門活動活動。幸好這個朋友也還算成熟，傷心之餘，仍保持著振作的理性。幾個禮拜之後，聽說他終於打包完舊情人的物品，感傷的當面交還。

那天晚上他主動約了朋友出來吃飯，大夥兒為他乾杯，其中一個朋友說：

「是不是覺得房間有點空？明天我跟同事聚餐，來不來？」

「我房間有點空，跟你同事有什麼關係？」

「我有個同事家裡東西太多沒地方放啊！好巧，他也是剛剛恢復單身呢！」

「不是，你公司同事聚餐，我去太奇怪了吧？」

「一點也不奇怪啦！敝公司每個月的聚餐根本是單身聯誼，就等你們這幾條大魚游進來。」

幾個月後，這位深情朋友果然展開了新戀情，笑臉吟吟的帶來跟我們認識。大夥兒還取笑那位紅娘同事，說他們的公司應該拓展婚友社業務。不同的情人帶來了不同的相處方式，從穿搭、飲食到生活方式都有所改變。這個朋友從此煥然一新，昨日種種彷彿昨日死。

每個人的人生際遇不一樣，有些人的愛情充滿階段性，每隔幾年會換一個，每次重新開始戀情，都彷彿換了一個人。當然也有人從年少到老死都跟同一人戀愛，這樣的人也會變化，只是他的變化來自於校園與職場的需求，未必如愛情一樣，深入骨髓，鑽進心裡去蛻變。

上課講到莊子，我多半在講完「朝三暮四」之後沒多久，課程便會來到「莊周夢蝶」。一來是這兩個故事原本就同在《莊子》書中的〈齊物論〉篇；二來是一群猴子學生坐在臺下聽猴子老師上課，總覺得趕快讓大家都變成蝴蝶，教室裡比較美。

「夢」是充滿詩意的比喻。人們常說「人生如夢」，但沒人能告訴你人生這場夢醒了會怎樣。倒是失戀時常常會有過往甜蜜如夢一般的感受，中年以上的人聽慣了王傑唱〈一場遊戲一場夢〉，陳淑華唱〈夢醒時分〉，講到戀情如夢，多少更多共感。稍微年輕一點的，大概看過十幾年前的電影「全面啟動」，電影裡有作夢的人不想活在虛幻裡，想從夢中醒來；也有清醒的人不能接受現實，期待能持續作夢。更年輕的人，應該會熟悉《鬼滅之刃》裡的「魘夢」，故事裡或嚮往或逃避的那些不切實際的美夢，往往是恐怖的。

不同的人生，不同的夢，傷心的、虛美的、浪漫的、恐怖的。談戀愛也是做美夢嗎？如果你曾經談過戀愛一定明白，剛剛交往時的熱戀期真的很像作夢：我喜歡他，他也喜歡我，怎麼這麼碰巧？接著是我們怎麼這麼相似？或怎麼這麼互補？他怎麼會有這麼奇特的反應，太可愛了吧？他怎麼反應跟我一樣，太有默契了吧？等熱戀期過了，張開了盲目的眼睛，各種矛盾與衝突慢慢被看見，這才不得不在爭執與摩擦之間尋求相處方式。

真正的愛情旅程，絕對不止是美夢，那是生活的一部分，歡笑與苦澀並存。如果遇上了恐怖情人，或與糟糕的人結婚了，甩也甩不掉，倒更像是一場無法清醒的惡夢。更進一步的說，「夢」是虛幻不實的，而人生常常獲得了又失去，因此會有人生如夢的感受。愛情也是，戀愛了又失戀了，就像那些為了都一樣的結果而悲喜交加的猴子，在一場遊戲一場夢中「喜怒為用」。

然而，我們所經歷過的戀愛，會是單純的虛幻嗎？會像早上起來一樣，遺忘了夜晚的長夢，直接繼續做著昨天未完的工作，彷彿什麼事都沒有發生？

當然不是。你留下了體驗，你走過了那段過程，那些都是真的，是你人生的一部分。

對莊子來說，夢是不必要的情緒起伏，「莊周夢蝶」的故事除了人生變化無常之外，其實有很多層次的寓意。故事是這樣：

「莊子夢見自己是蝴蝶，覺得非常開心，以為自己是蝴蝶，不知道什麼莊周。沒多久莊子醒來了，嚇了一跳，自己又變回莊周了，不知道是莊周夢見成為蝴蝶呢？還是蝴蝶夢見成為莊周呢？」

故事講到這裡，彷彿是講述一種分不清真實與虛幻、現實與夢境之間的狀態，然而後面還有幾句：

「莊周與蝴蝶，必然是有分別的，這叫做『物化』。」

「化」是《莊子》書裡面另一個非常常見的概念，簡單說明的話，就是包含身體在內，一切物質的、外在的事物，都會不斷的變化。相反的，內在的心是可以維持安定、平靜的，猶如「道」一樣。因此，人一方面要順應外在世界的自然變化，不要強留無法留住的事物，也不要企圖改變超過己身能力的外在世界；另一方面，則要守住內心的平靜，不要隨著外在世界的變化而波動，接受每個即將到來的變化，如此一來，人才能持續的在這個世界前進。

情緒來自於心，為了留不住的過去，為了無法抵達的未來，抱持著不切實際的期待，憂愁難過。隨著時間的流逝，發現未來沒有預期的壞，或過去沒有認知中的好，那些不必要的情緒起伏，便是「夢」。夢中之人往往無法發現自己在作夢，任由情緒傷害心靈，同時又因為這樣的傷害，引發了更多的期待與執著。

「莊周夢蝶」的故事給予了一個重要提示：無論如何人是會變化的，每個階段擁有的都是不一樣的，那是自然的「物化」。你要接受每個狀態的自己，是莊周，就好好的當莊周去生活；是蝴蝶，便好好的當蝴蝶去飛舞。莊周不用羨慕蝴蝶，蝴蝶也不要羨慕莊周。

變化是必然的，就算是白首夫妻，兩人必然也經歷了不少變化。別的不說，至少會有肉體上的變化，從身體強韌到齒牙動搖。也會有事業上的變化，從辛勞工作，到悠閒退休，那都是變化。讓情緒維持穩定，順著外在變化去接受、去調整，而不是去對抗、去追悔，才是心靈的長治久安之道。

失戀當然也是重大變化，棒球主播喜歡在球員打出全壘打時喊出：「就像是變了心的女朋友，回不來了。」既然回不來了，那麼面對當下的生活才是當務之急。莊子甚至在書中做了一個有趣的比喻，他說：如果我的左手化成了雞，那我就有雞叫我起床了；如果我右手化成了彈弓，那正好可以打小鳥來吃（古書是這樣寫的，請愛護動物，更何況你右手不是彈弓）；如果我屁股化成了輪子，那我豈不是隨時可以開車出門，不用買車啦！

世人對莊子常有一種錯誤的見解，以為莊子的無為是非常消極的。事實上正好相反，莊子是非常積極生活的。他希望大家都能好好的面對每一個當下，並且過好每一個當下。《莊子》書裡很少有斬釘截鐵的肯定句，這是為了表現人世間沒有什麼是必然的，也為了讓人打開心靈，去接受外在世界的紛擾與變化。然而他卻用了「必然是有分別的」（必有分矣）這樣的句子，去強調過去的已經過去了，不要再讓無用的情緒干擾你的生活與心靈了。

如果作夢是不可避免的，夢醒也是不可避免的，那麼在夢中也要好好的生活，好好的對待自己。

《莊子》

昔者莊周夢為胡蝶，栩栩然胡蝶也，自喻適志與！不知周也。俄然覺，則蘧蘧然周也。不知周之夢為胡蝶與，胡蝶之夢為周與？周與胡蝶，則必有分矣。此之謂物化。

浸假而化予之左臂以為雞，予因以時夜；浸假而化予之右臂以為彈，予因以求鴞炙；浸假而化予之尻以為輪，以神為馬，予因以乘之，豈更駕哉！且夫得者，時也，失者，順也，安時而處順，哀樂不能入也。此古之所謂縣解也，而不能自解者，物有結之。

接受全部的我、我們

學生進大學之後沒多久，就跟高中時期的小情人吵架了，十分沮喪的跟我說：「老師，他說我的學校離他太遠，希望我轉學或重考去跟他在一起。」

我問他自己的想法，他說：「念這個系是我的夢想，我也是好不容易考上的。他的學校錄取標準低得多，也沒這個系。」

這孩子並沒有被愛情沖昏頭去轉學，留了下來。但還不到學期末，他紅著眼跟我說，他們分手了。

後面的課程都悶悶不樂，分組討論時常常看他獨自一人若有所思，下課時間也很少跟同學互動，顯然在新環境裡並沒有積極開拓人際關係。

學期末放假前，我把他攔下來稍稍提醒了幾句。他說：

「老師，我喜歡上課，也還是喜歡他，唯獨不喜歡自己，我是不是哪裡做錯了？」

失戀或被拒絕，常常讓人否定自己，覺得自己一定是哪裡不夠好，或是某個環節做錯了，在強烈的失落情緒下，不得不認真的自我反省。反省不是壞事，挫折後的反省往往切中要害，能使人成長為更好的人。

但無法獲得正向反應的反省，可能會讓自己陷入負面情緒的惡性循環，甚至跌入憂鬱症的深淵。什麼是無法獲得正向反應的反省？反省是為了修正錯誤，能夠讓自己更好，就是一種正向反應。有三種情況會讓反省出現負向反應：

第一種是做出了錯誤的歸因。你原本的作法算不上犯錯，或真正的錯誤進入了盲點讓你無法察覺，而挫折感逼使你去調整原本表現良好的部分，反而惡化了原本的人際互動。

我的學生時代有個好朋友，原本跟另一個同學走得很近，互動曖昧，但始終沒有踏出關鍵一步。後來那位曖昧的同學跟其他人交往了，我這位好朋友傷心欲絕，以為是自己太過畏縮導致被別人搶先一步。之後，他遇上有好感的對象，往往認識沒多久就搶著告白，結果又多次被拒絕，有一陣子淪為同儕之間的笑柄。花了很多時間，才重新拿捏好面對心儀對象的分寸。

第二種負向反應的反省，是你原本的狀態並不差，但在人際關係的磨合與互動中出現了無法彌補的鴻溝。你雖然沒有做錯什麼，卻忍不住反覆的反省自己。這種負向反應或者使人困惑，找不到自己哪裡做錯了；或者使人畏縮，因為不知道可以調整什麼，只好逃避人際互動。這位失戀的學生，便是屬於這種狀態。

第三種不良的反省，是面對一個簡單明瞭，但絕無可能完成的修正。沒有錯誤歸因的機會，也沒有困惑與逃避的空間，只能在陷入不能、不行的自我否定當中。比方說嫌棄自己的身高，瞧不起自己的父母，或不能接受自己的長相等。

不論是哪一種自我反省，總是要先真誠的去面對自己，才能做出合理的調整。有時候不是你不夠好，而是你沒有把好的一面拿出來，導致別人看不到你的好。這世間沒有人是完美的，因此你不能期待遇上一個完美的人，更不能過分期待自己成為完美的人，因此無論如何，你都必須接受每個當下的自己。

我可以更好，但這就是現在的我，沒有現在的我，怎麼能有更好的我？

莊子喜歡講故事，尤其喜歡講那些「不完美」的人的故事，在他的書中，一般世俗眼光中的聖人、賢相，反而要去追隨那些肢體殘缺的人，去跟他們學習。其中有一種人叫做「兀者」，指瘸腿的人。莊子身處的時代由於戰爭頻繁，加上各國刑罰酷烈，常有削去腳趾、小腿或膝蓋的可怕肉刑，許多人或者因為戰爭受重傷，又或者因為受刑而瘸。莊子說了一個鼎鼎大名的鄭國宰相子產，與兀者申徒嘉之間互動的故事：

兀者申徒嘉跟鄭國子產一起在「伯昏無人」這個老師門下學習，子產對申徒嘉說：「我如果要先出去，你就停在教室等一下；你若要先出去，那我就在教室等一下。」子產的意思是，申徒嘉沒有資格跟他並肩走在一起。

隔天來到教室，申徒嘉又跑去坐在子產旁邊，子產很不高興。下課之後，他說：「我要出去，你就等一下；或你先出去，我等一下。現在我要走出去了，你可以乖乖留在教室嗎？這樣也做不到嗎？重點是你看到宰相竟然不知道迴避，難道你跟宰相一樣尊貴？」

申徒嘉說：「老師的門下，哪有宰相像你這樣的？你覺得你當宰相很了不起，所以可以瞧不起別人嗎？今天你來到這裡，不是為了向老師學習嗎？怎麼還會說這樣錯誤的話？」

子產說：「你都變成這樣了，還想要修養道德與智慧去跟堯爭高下嗎？難道你的德行差到看不到自己嗎？」

子產最後的話原文是：「子既若是矣，猶與堯爭善，計子之德不足以自反邪？」不知道大家有沒有覺得很眼熟？有些人在拒絕別人，或是瞧不起別人時，會毫無自覺的說出這樣的話：「也不去照照鏡子，看看自己長什麼樣？」或是「你那個程度就別去笑死人了。」

為你指明你有「值得修正的缺點」的人，那樣的人是諍友；但只想否定你，指明你那些天生的，或無法修正的特點，那樣的人其實就只是透過歧視來滿足自己而已。如果你聽到有人當面用你無法改變的條件來羞辱你，你覺得你應該感到羞愧，陷入無法改正的反省情緒中出不來；還是應該笑一笑，何苦跟一個眼光裡只有歧視的人計較？

莊子要人更重視當下，更照顧自己的心，更愛自己一些。當下的我是什麼樣子，每個部分都是我，因此每個部分也都是值得愛的。儘管是那些打算修正的缺點，或無從改變的特點，也都是我。

是這樣的我帶我走到這裡，也即將帶我走向未來，因此要接受每個當下自我的全部，作好每個當下可以做的事。失去的不用追悔，還沒得到的不用太過期待。我是蝴蝶，那就當好蝴蝶；我是莊子，我就當好莊子，去除那些不必要的情緒起伏，不當朝三暮四的猴子，去接受那些不受自己控制的各種變化。

在莊子書中，「夢」是多餘的、傷害自己的情緒的比喻。上一個單元講到「莊周夢蝶」故事，無論是成為蝴蝶時的自我滿足，抑或是成為莊周時的驚動訝異，都是干擾當下存在的情緒。真正順應一切變化，接受全然自我的「真人」，是不會作夢與憂愁的，所謂「其寢不夢，其覺無憂」。

自我是如此，其實愛情的經營也是如此。不論戀愛與否，失戀與否，我就是我。如果你正在談戀愛，請與你的伴侶好好的溝通，好好的相處，不論別人的男朋友如何，別人的女朋友如何，從前的情人如何，理想的情人又如何，我們就是我們。

接受當下全然的我，也接受當下全然的你，更接受我們當下全然的愛。我們做好當下可以做的事，無須與他人比較，無須得意洋洋，也無須自慚形穢。

說得容易，但要時時刻刻維持這樣的心態，需要下很多工夫去修養的。

《莊子》

申徒嘉，兀者也，而與鄭子產同師於伯昏無人。子產謂申徒嘉曰：「我先出則子止，子先出則我止。」其明日，又與合堂同席而坐。子產謂申徒嘉曰：「我先出則子止，子先出則我止。今我將出，子可以止乎，其未邪？且子見執政而不違，子齊執政乎？」

申徒嘉曰：「先生之門，固有執政焉如此哉？子而說子之執政而後人者也！聞之曰：『鑑明則塵垢不止，止則不明也。久與賢人處則無過。』今子之所取大者，先生也，而猶出言若是，不亦過乎！」子產曰：「子既若是矣，猶與堯爭善，計子之德不足以自反邪？」

古之真人，其寢不夢，其覺無憂，其食不甘，其息深深。真人之息以踵，眾人之息以喉。

每一天都有人在拚命挖洞，世界從來就沒好過

一個長得不錯，才華洋溢，個性也好的同學，在大學幾年都未曾見他談戀愛。根據他自己以及同學的說法，他是喜歡異性的，似乎也交過女友，但這幾年對於談戀愛有些畏懼。有次聚會不知道怎麼聊的，他娓娓道來從前所受的傷：

「大一時跟一個女生曖昧好幾個月，早上上課都特地去接他一起早餐，下課還會約好兩人出去玩，只差沒有肢體接觸。我以為他是喜歡我的，想要更進一步時，他卻笑著說他有男朋友了，對方在比較遠的學校。」

「難過了好一陣子，才終於放下。大二時喜歡另一個女生，卯起來

追，看他好像也樂在其中的樣子，我就大膽告白了。告白那天他有答應，我們還抱了一下，但之後就冷掉了。別說更多接觸，他開始找理由不跟我見面，不到一個禮拜就跟我說，他覺得當好朋友就好。」

「我想來想去，還是不知道自己哪裡做錯了，不知道女生到底想什麼，有一種被捉弄的感覺，但我心裡知道不是，乾脆就不去想了。心中沒有戀愛的念頭，大家就可以好好的當朋友。」

我問其他同學，這幾年都沒有女生對他示好嗎？一個他最要好的同學說：

「應該是有啦！但他這個人超級彆扭，女生稍微對他好一點，他反而會刻意疏遠人家，根本是被害妄想。」

「並不是，我單純就是懶得猜女生在想什麼，躲遠一點比較安全。」

人際關係很難，有時給人一種處處陷阱的感受，而且這些陷阱絕大多數都不是出自於惡意。沒說出來的，沒完整理解的，沒預料到的，會錯意的，甚至自己都還沒弄清楚自己的，都使人受傷。作為普通朋友倒還好，需要在乎的沒那麼多，大不了假裝無所謂的疏遠一些，或大吵一架不再往來。

戀愛也是人際關係，但要投入的心思卻多得多。要細心體察，要感受與回饋彼此的愛，無法不在乎，偏偏又渴望有各種身心的親密互動。越是親密，受傷越重，所以朋友之間可以輕描淡寫的陳述曾經的衝突，但描述與父母、與情人之間的衝突時，往往咬牙切齒，難以輕易放下。

完美的人際互動應該是什麼樣子？儒家的聖人是善良能感染一切，智慧能明曉一切，行為能治癒一切，幾乎無所不能的王者。但各方面都盡善盡美，符合多數人所有期待的人，往往會給人強烈的壓迫感，任何人站在他旁邊，都不得不自慚形穢。在《莊子》書裡，最受歡迎的人，最理想的人格，往往是普通的，甚至是醜陋的。他不需要給人什麼具體建議，重點是能包容所有不同的樣貌，同時還可以反映出每個人理想的自己。那麼努力做到這程度，會是最好的人際關係嗎？恐怕也不是，孔子期待的朋友是直、諒、多聞，要直言，要誠信，要博學。因此孔子不會滿意莊子筆下那樣的朋友的。

儒家與道家對於完美的人，也就是「聖人」的看法完全不一樣，因此對於人際關係的想像也不一樣。一個普遍客觀，完美的人際關係，就跟「聖人」同樣只能用想像的，真實世界恐怕是不存在的。

上個單元講兀者申徒嘉的故事還沒有講完。身體殘缺的他，面對鄭國宰相子產毫無理由的優越感與歧視，做出了一段很有意思，充滿啟發的回應。申徒嘉說：

「為過錯掩飾，認為自己不應該失去腳的人很多，但不掩飾過錯，覺得自己的腳本來就不應該還留著的很少。世間本來就是無可奈何，所以心安理得的接受，只有有德之人能做得到。

我們都活在神射手后羿的箭靶子裡，被射中是正常的，沒被射中的那叫運氣好。以健全的雙腿來嘲笑我殘缺的腳的人，多的很，我因此感到憤怒。但來到伯昏無人老師這裡，我卻可以丟掉那個『憤怒』回去了。不知道老師是怎麼將我清洗乾淨的呢？我追隨老師十九年了，從來沒感覺到我是個殘缺的人。今天子產先生你跟我一起在老師門下學習內心的修養，卻用外在的樣貌來看待我，不覺得自己哪裡搞錯了嗎？」

那是個戰亂而殘忍的時代，申徒嘉企圖透過身體的苦難告訴子產，你的優勢在於你運氣好，不在於你更有道德修養。

在我們這個時代，雖然沒有戰國時代那麼可怕，但人際關係只有比過往更複雜、更難懂。從前的世界就算禮壞樂崩，人與人之間至少還有個具體、陳舊、形式化的外在規範可以依循，但現代社會就連親子之間的情感交流方式都百花齊放，更何況自由戀愛，簡直令人不知所措。

父母之命、媒妁之言，男尊女卑，夫唱婦隨，這些僵化且死板的舊時代禮教，限制了人類的自由，壓抑了人性。慶幸我們生在這個時代，個性得以自由發展。然而自由是有代價的。因為沒有規則，所以必須多方嘗試，必須更努力的去理解，去發現最好的互動方式，去形成屬於自己的和諧的禮。

在我們這時代，為愛受傷是正常的，沒受傷的，真是運氣太好了。

我很喜歡的樂團「旺福」，有一首描述上班族苦難的歌叫做〈小職員日記〉裡面有兩句歌詞：「每一天都有人在拚命挖洞，喔耶！每一天都有人掉進那個洞，喔耶！」用一種戲謔的方式包裝身處「后羿箭靶」的職場環境。各個領域其實都是一樣的，人只要活著，就必須在不同的地方承受不同程度的苦難。差別在於古代更多身體的苦難，包含戰亂與疾病，而現代人則承受更多心靈的苦難。愛造成傷害，不愛也造成傷害。無怪乎佛家認為眾生皆苦，要滅盡一切因緣。

我們應該逃離紛擾，如古代隱士一樣，把自己關在深山洞穴或海上孤島嗎？許多人以為莊子主張隱逸，但那肯定不是莊子的主張。莊子認為肉體的逃避還有可能，但心靈的逃避是不可能做到的，如果不能安頓好自己的心，那被愛折磨的苦難便無所逃於天地之間。莊子認為：外在世界既然如此不可掌握，那麼你只好掌握好自己的心，讓心更有彈性，更有餘裕的去面對一切外在世界的變化。人世間的各種紛擾是不可避免的，就像日夜不斷交替一樣，你無法停止，無法預防，也無法等待它結束，因此不要讓外在的紛擾打亂你內心的平靜，相反的，要讓自己的心可以適應這些紛擾，甚至讓外在的世界因為你的心而變得安定而祥和。

聽起來很玄，其實人要是能不執著，很多紛擾就自然消失了。打個比方來說，小朋友很常計較手足之間誰多了什麼，誰少了什麼。餐桌上，計較姐姐多了一顆糖果；遊戲室裡，計較弟弟多了一塊積木；甚至洗澡前還會計較昨天誰先洗澡，今天應該換誰先，這樣才可以擁有多三分鐘的遊戲時間。諸般大人認為芝麻蒜皮的小事，孩子都不能放下。

為什麼對於少一顆糖，多一塊積木這些事情，大人會認為是「芝麻蒜皮」的「小事」？這是因為成年人經歷過了更多，擁有過的更多，所以「長大」了。那麼我們能不能把心中沒有計較與罣礙的平靜與安定，當作是最重要的收穫呢？如果你的心能更自在的去面對當下的一切，是不是會更自由，更沒有束縛呢？

「庖丁解牛」的故事人人都聽過。故事裡的庖丁，屏氣凝神的用沒有厚度的刀刃，去處理永遠有空隙的牛隻骨節。這個故事有非常多層次的寓意，其中一個在於：以刀刃比喻人，而骨節比喻苦難關卡。人要如何才能如庖丁的刀刃那樣去面對各種難關？首先必須明白，難關是必然的，並不是不去面對就沒事的，你無論如何無法逃避你的心。那該如何面對？首先不能被過去所束縛，放下無謂的執著與情緒，讓你的心更自由，更沒有執著，才能更寬裕的去處理。

前面說到的那個彆扭學生，後來又來找我，這回帶著女友來了。我一邊恭喜他，一邊也取笑他之前莫名的固執。問他：「怎麼突然看開啦？」

他說：「那天跟大家聊過之後，突然覺得自己好像真的滿彆扭的，就直接去找他聊聊，想確認自己的心意，也確認他的心意。」

他指指自己的女友，女友笑靨如花。

《莊子》

子產曰：「子既若是矣，猶與堯爭善，計子之德不足以自反邪？」

申徒嘉曰：「自狀其過以不當亡者眾，不狀其過以不當存者寡。知不可奈何而安之若命，惟有德者能之。遊於羿之彀中，中央者，中地也，然而不中者，命也。人以其全足笑吾不全足者多矣。我怫然而怒，而適先生之所，則廢然而反。不知先生之洗我以善邪！吾與夫子遊十九年矣，而未嘗知吾兀者也。今子與我遊於形骸之內，而子索我於形骸之外，不亦過乎！」

子產蹴然改容更貌曰：「子無乃稱！」

庖丁為文惠君解牛，手之所觸，肩之所倚，足之所履，膝之所踦，砉然嚮然，奏刀騞然，莫不中音。合於《桑林》之舞，乃中《經首》之會。

文惠君曰：「譆！善哉！技蓋至此乎？」

庖丁釋刀對曰：「臣之所好者道也，進乎技矣。始臣之解牛之時，所見无非牛者。三年之後，未嘗見全牛也。方今之時，臣以神遇而不以目視，官知止而神欲行。依乎天理，批大郤，導大窾，因其固然。技經肯綮之未嘗，而況大軱乎！良庖歲更刀，割也；族庖月更刀，折也。今臣之刀十九年矣，所解數千牛矣，而刀刃若新發於硎。彼節者有間，而刀刃者无厚，以无厚入有間，恢恢乎其於遊刃必有餘地矣，是以十九年而刀刃若新發於硎。雖然，每至於族，吾見其難為，怵然為戒，視為止，行為遲。動刀甚微，謋然已解，如土委地。提刀而立，為之四顧，為之躊躇滿志，善刀而藏之。」

文惠君曰：「善哉！吾聞庖丁之言，得養生焉。」

靜坐或運動都可以，轉移注意力大法！

邁向中年，包含我在內的所有朋友逐漸不再能打籃球。為了維持運動，這幾年我認真的開始跑步。跑步是一個人的運動，跑步的人多，同好之間也會形成團體。

前陣子與一群跑者們聚會，大家一邊說笑，一邊分享著自己的跑步經歷。許多人都是因為生命經歷了低潮，所以選擇了一個人穿上跑鞋出門跑步，想辦法讓自己從低潮中振作起來。其中一個跑友說出了跑界的名言：「沒有什麼是跑五公里不能解決的，如果有，那就跑十公里。」

包含知名的體育主播田鴻魁在內，大夥兒都熱烈掌聲表示認同。但超級馬拉松的金牌國手林冠汝，卻接著說：「如果跑十公里不能解決，可以跑一百公里，或是連續跑二十四小時。等你的腿又痛又麻，你就沒辦法煩惱別的事了。」

大家都笑了，主持人吶喊著：「那樣會解決自己吧？」

這位超馬國手又繼續笑著說：「跑步真的會進入一種忘我的境界，不止煩惱不見了，所有的想法也都不見了，連身體都不見了。到那時你反而要專注在跑道上，否則會不知道跑到哪裡去。」

著名的運動教練徐國峰綜合他的經驗，加上各國研究與古籍記載，將跑步以及其他耐力運動依程度分為三個階段，分別是滿足、心流(Flow)、神馳(Zone)。第一階段「滿足」，是透過長時間的運動，讓身體感受到疲累甚至痛苦，此時你的各種欲望都會變得非常的微小，只要「停下來」，或暢快的「喝水」，就可以讓身心都獲得巨大的滿足。同樣一杯水，你若沒有經歷過那個長時間的運動，是無法獲得相同感受的。相反的，當你獲得那樣的滿足感，會彌補你某些心靈的傷痛，彷彿得到了治癒。

失戀，或其他的人生難題感到痛苦嗎？試著跑五公里吧！這個階段，任何人都能獲得。

下個階段「心流」，是一種極度專注的狀態，不只發生在運動中而已，在工作中或閱讀中也會發生。通常在這個狀態裡，你會因為全心投入而專注到極致，感官因此自動排除其他所有可能造成分心的事項，從而使進行中的事務獲得極高的達成效率。前面介紹過荀子的「虛壹而靜」，其實就是進入這個狀態的法門之一。

煩惱或憂愁時，有些人會透過讓自己陷入忙碌來轉移注意力，強迫自己抽離憂傷與負面的情緒。有人認真地投入工作，有人大量閱讀小說或追劇，也有人透過需要高度精密的手工藝，如摺紙、繪畫或雕刻等，來達到同樣效果。當然，運動也是一種。

頂尖運動員或特定領域非常專業的人，則有機會在「心流」之上，提升到更高境界，也就是「神馳」的狀態。據說這種狀態裡，意識會達到一種無所不在的地步，彷彿可以從俯瞰或預知的角度去面對世界，身體動作也來到隨心所欲的地步。在神馳的狀態裡，心境會無比的清明澄澈，動作可以無比精密，彷彿無所不能。

我從未在運動場上獲得類似體驗，少數接近的，是在博士論文的寫作過程中。那時我被學業與家庭生活搞得極度焦慮，但有幾次在全心投入閱讀與寫作的狀態後，所有閱讀過的資料彷彿在腦袋中流暢而自動的整合，並快速地透過電腦鍵盤完成輸出。回過神來，一天已經過去，我完成了數萬字的論述，而且無一字需要修改。

「心流」與「神馳」都不是特別神祕的體驗，但要進入確實需要一些門檻。古今中外各自有不同的修行工夫幫助人們去獲得這種體驗，古代比較常見的方法是「靜坐」，透過某種良好的坐姿，將意識集中在呼吸等身體自然動作，來保持專注。狀態良好加上工夫熟練的話，便能自由的出入神馳境界。

「心流」與「神馳」雖然不是莊子或古代思想的用語，但這個概念卻在《莊子》書裡出現，而且類似的故事還不少。操練的工夫大致上可以分為兩種類型：一種是靜態的透過心神的修煉，或稱之為「心齋」，或可稱之為「神凝」與「凝神」（古文中有時「凝」寫作「擬」或「疑」）。「齋」是齋戒，也就是去掉多餘的欲望，保持心靈的寧靜。「凝」則是摒除雜念，專注於精神。

另外還有一種，也是在《莊子》書裡大量出現的，就是透過「技藝」的鍛鍊與反覆操作，以動態的、專注於精密動作的方法去進入。這兩種工夫基本上是可以互通的，換言之靜態的心齋、神凝，也會出現在動態的技藝當中。

失戀，或其他的人生難題感到痛苦嗎？試著「每天」都跑五公里吧！或每天去做任何一種身體技藝，如練吉他、練書法、學打坐。去反覆練習，去獲得進步，你有機會同時解決困難、鍛鍊技藝、並獲得心流、神馳的體驗。

莊子最著名的技藝體驗故事，就是上一單元剛剛提過的「庖丁解牛」。「解牛」對庖丁來說已經不只是「技藝」了，而是來到了「道」的境界，也就是「臣之所好者道也，進乎技矣」。在「庖丁解牛」的故事中，庖丁藉由長時間的鍛鍊，由「所見无非牛者」，來到「未嘗見全牛」，再到「以神遇而不以目視，官知止而神欲行」，從受到外表等其他因素干擾下刀，到只見骨骼節理，再到不止於感官接觸，而以意識掌握一切。可以說庖丁的技藝鍛鍊，正是逐步提升到「神馳」的不同階段。

再舉另一個莊子描述技藝出神入化的體驗。

梓慶是一個擅長木製樂器「鐻」的工匠，見到的人都說這是鬼神的技藝，魯侯問怎麼這麼厲害，梓慶回答說：「我要製作鐻之前，一定會先齋戒來靜心，齋戒三天之後，心中沒有任何獎賞與爵祿；齋戒五天之後，心中沒有任何指摘與稱讚，也沒有製作的好與不好之分；齋戒七天之後，心中已經完全沒有委託我製作鐻的朝廷官府了，也忘掉自己有四肢與身體。到這個階段，內心專注無比，外在一切紛擾都會消失。這時候走進山林裡，樹木的天性樣貌會完全展露出來，一旦在適合的樹直接看到鐻，便可以下手工作。如果看不到，就停止不作。製作器物之所以能夠凝聚如神，大概是這樣吧！」

這個故事結合了心齋與技藝。庖丁透過長年的訓練，從而收穫了進入「神遇」也就是「神馳」的境界，只要有需要，便能進入這種狀態。梓慶顯然熟練度稍遜，工作之前需要先齋戒靜心，透過儀式來幫助自己專注。但無論是哪一種，最終都來到了放下一切紛擾，使身、心與專注對象合而為一的地步。

讓我們回到愛情議題。在技藝或運動當中所出現的心流與神馳，都是一種特殊狀態，換言之這種特殊狀態是會解除的，就像瑪利歐遊戲裡的無敵星星一樣，會隨著工作完成，或比賽抵達特定階段而恢復原本的常態。那失戀或因為其他因素而煩惱憂愁的人，豈不是又回到苦痛的深淵嗎?為了解脫痛苦，很多人會採取「轉移注意力」大法，像這種會恢復原狀的，根本只是暫時忘記而已吧?

靜坐、技藝或運動所得到的心流或神馳體驗，固然也可以稱之為一種轉移注意力大法，但本質上卻有點不同。最大的差別在於轉移注意力單純只是為了遺忘，而心流與神馳，卻是集中注意力去獲得更大的收穫。

打個比方來說，失戀了可以借酒消愁嗎？某種程度上當然可以，喝到爛醉，喝到人事不知，自然就忘了。然而酒會醒，醒來之後只會更加痛苦，卻沒有任何正向的、有益身心的東西會在自己的身上出現。因此透過酒，或毒，或其他高刺激性的純粹娛樂，對於擺脫憂愁實際上毫無幫助，花的時間多了，反而會助長自己一無是處的負面情緒。

心流與神馳不一樣，是為了「自事其心」而鍛鍊身體技藝，不但可以獲得一時的平靜，更能收穫某種成長的滿足，形成正向的回饋，將身體與心靈同時從深淵裡拉回正軌。如此一來，一時的平靜就不只是一時的，可以如庖丁一樣，只要願意，隨時可以讓自己躊躇滿志，身心俱足。

就像〈核心必修課〉所說的，你是追求愛情呢？還是追求情人？如果是後者，那麼失去之後將一無所獲，但如果是前者，你無論如何都可以擁有更好的自己。同樣的，你是透過酒精、藥物或無意義的娛樂來讓自己轉移注意力，獲得暫時的遺忘呢？還是集中注意力去獲得更大的收穫，透過身心的修練來讓自己獲得平靜與力量？

平靜與力量可以做什麼？因為你的心更強大了，所以可以不再有不需要的情緒起伏了，可以放下無謂的堅持了。

這種心靈境界，莊子稱之為「忘」。莊子的「忘」不是失去記憶，而是不再執著，下個單元我們繼續聊。

《莊子》

顏回曰：「吾無以進矣，敢問其方。」仲尼曰：「齋，吾將語若！有而為之，其易邪？易之者，皞天不宜。」顏回曰：「回之家貧，唯不飲酒、不茹葷者數月矣。若此，則可以為齋乎？」曰：「是祭祀之齋，非心齋也。」回曰：「敢問心齋。」仲尼曰：「若一志，無聽之以耳而聽之以心，無聽之以心而聽之以氣。聽止於耳，心止於符。氣也者，虛而待物者也。唯道集虛。虛者，心齋也。」顏回曰：「回之未始得使，實自回也；得使之也，未始有回也。可謂虛乎？」夫子曰：「盡矣。吾語若！若能入遊其樊而無感其名，入則鳴，不入則止。無門無毒，一宅而寓於不得已，則幾矣。……」

梓慶削木為鐻，鐻成，見者驚猶鬼神。魯侯見而問焉，曰：「子何術以為焉？」對曰：「臣工人，何術之有！雖然，有一焉。臣將為鐻，未嘗敢以耗氣也，必齊以靜心。齊三日，而不敢懷慶賞爵祿；齊五日，不敢懷非譽巧拙；齊七日，輒然忘吾有四枝形體也。當是時也，無公朝，其巧專而外骨消；然後入山林，觀天性；形軀至矣，然後成見鐻，然後加手焉；不然則已。則以天合天，器之所以疑神者，其是與？」

世界很大，不要把自己困住

學生畢業前找我一起吃飯，幾杯黃湯下肚，幾桌人吵吵鬧鬧，還玩起了真心話大冒險。學生當中包含了情侶，兩人都是大方外向的人，大家紛紛拷問他們的戀愛史，遇到不想回答，或是被發現說謊，就要多罰一杯。偏偏情人之間還互相陷害，讓大家笑得不亦樂乎。一個同學問：

「你跟他在一起之前，交過幾個女朋友？講清楚說明白！」

「兩個，高中一個，後來那個某某，然後就是他了。」

此時女朋友突然大聲的說：「騙人！那個某某之後還有一個誰誰，你分手還來找我哭！」

「唉？……啊！那個是真的忘記了，哎喲，後面的比較要緊啦！」

「狡辯加罰！」幾個同學七手八腳的把他面前的酒杯裝滿。

「喝！」

歡樂無比的聚餐裡，年輕人勸酒勸得兇，趁著酒意，有些真的遺忘或假的遺忘的事會被追著拷問，因此各種好笑的舊事被挖掘出來。當然也少不了有人抵死不從，一開始就自罰幾杯跳過，不能喝的大家也不勉強。一頓飯吃到最後，不喝酒的我還要留意有沒有人喝過量，醉過頭。

有趣的是，過幾天在學校碰面，紛紛開玩笑說那天喝了太多，所以說過什麼都忘了，忘了就不算數了。

對飽受失戀痛苦的人來說，「要如何才能忘了他」是一個普遍而難解的問題，但我們不妨把「忘」這件事情剖析的更細緻一些。「忘」至少有三種樣貌：

第一種，是真正的遺忘，猶如記憶的遺失。有些是暫時的，稍加提醒或許可以想起來，但有些是永久的，彷彿這個記憶根本不存在一樣。

我的祖父母都還在的時候，有時候會為了一些關乎記憶的小事鬥嘴，比方說某某場合那個誰是不是在場啦！或是家裡的什麼東西是某某人給的還是另一個人送來的，諸如此類。這種隨著年齡增長致使事件記憶能力下降的情況，似乎是一種人類無法避免的通則。但就算不是老年人，人的記憶往往也不怎麼可靠，幸好這類事情往往不牽涉重要大事，或者說，能夠引起強烈情緒反應的，多半沒那麼容易忘記。

第二種「忘」，是針對這種重大的、強烈的情緒反應而來。正因為太過於在乎，或是為了避免心靈受到更大的創傷，因此身心主動的逃避此類記憶。前陣子電影「返校」引起了討論熱潮，其中一句經典對白：「你是忘記了，還是害怕想起來？」所描述的正是這種情況。嚴重的話，甚至會出現創傷後壓力症候群（PTSD），以為自己忘記了，事實上只是一種逃避與麻木，常常在惡夢中被迫重複經歷，並且嚴重的影響日常生活。

一般情況下，失戀似乎不會那麼嚴重，但有時會出現這種透過逃避、隔離來保護自己的遺忘。這本書無法代替任何專業診療，只能說如果明顯的影響了日常生活，或造成其他人際關係的惡化，建議尋求專業醫療協助，如心理諮商師或臨床心理師等。

第三種「忘」不是遺忘或想不起來，而是真實的放下。與第二種完全相反，這種「忘」是讓自己對這件事情不再執著，不再造成任何程度上的情緒波動。你並沒有真的忘記這個事件或這個人，只是當你想起來時，不會感到痛苦與煩惱，像是想起昨天回家走哪一條路，或平凡無奇的午餐菜色一樣。有時候甚至覺得有些溫馨，或是對於自己經歷過的事情感到一絲絲驕傲。

這種「忘」，是莊子裡特別強調的一種理想心靈境界。上一個單元談「心齋」與「神凝」，是一種達到特殊狀態的工夫，主要是透過反覆鍛鍊技藝去獲得類似「心流」與「神馳」之類的體驗。更白話一點的說，其實也就是「忘我」，而「忘我」這個詞應該就來自於《莊子》。

心流、神馳、忘我這些狀態常常是短暫的，但莊子所期待的，其實是一種長時間的，持續的「忘」。這不是一種狀態，而是一種境界，莊子稱為「坐忘」。莊子透過顏回與孔子之口，有這樣一段對話：

顏回：「我進步了！」
孔子：「喔？怎麼說呢？」
顏回：「我已經『忘禮樂』了。」
孔子：「不錯，但還可以更好。」
過了幾天，顏回又來見孔子。
顏回：「我進步了！」
孔子：「喔？怎麼說呢？」
顏回：「我已經『忘仁義』了。」
孔子：「不錯，但還可以更好。」
又過幾天，顏回說：「我進步了！」
孔子：「喔？怎麼說呢？」
顏回：「我已經『坐忘』了。」
孔子一聽，這個境界他也沒聽過，趕緊正襟危坐問說：
「什麼是『坐忘』？」

顏回回答：「彷彿是失去了肢體，去掉了所有智慧，跟天地萬物的『道』同為一體，這就是坐忘。」

孔子：「同為一體就沒有任何偏好，可以隨著這個世界一同變化，這太厲害了，請讓孔丘我追隨你吧！」

禮樂是一種外在的、身體的執著，仁義是一種內在的，精神的執著。莊子這段話有跟儒家對話的意思，他認為儒家太執著於形式化的禮樂，也太執著於內在的仁義道德了。古代哲人的文字對話姑且不談，總之這段對話中的「坐忘」跟上個單元說的「神馳」十分相似，都彷彿失去了自己的身體，而意識彷彿可以掌握一切，隨時做出最佳的判斷。

然而「坐忘」是一種狀態還是境界？莊子在談「心齋」時，提到這個工夫有熟練度的差別。不熟練的，提高境界會猶如跨過藩籬，要付出一番努力；熟練到一定程度，則是沒有了這個藩籬，想進入就進入，想退出就退出；熟練到最高層次，則是彷彿住在其中一樣，隨時隨地都保持那種狀態。換句話說，到了最高層次，持續處於「神馳」的地步，或用莊子的話叫做「坐馳」或「坐忘」，是一種精神境界，而不是一種特殊狀態。

這個境界說起來太神奇，感覺很難達到，我想應該也是。然而如果我們單純拿來講戀愛議題，尤其談失戀後療傷的話，卻沒那麼難以理解。如果失戀後的憂傷是一種難以擺脫的執著，是一種忘不了的痛的話，那麼不妨將「坐忘」當作一種比喻：

「忘禮樂」：不再執著於過往一起相處的生活方式，也不再執著於那些充滿回憶的物品。

「忘仁義」：不再執著於關心他，理解他，愛護他。

「坐忘」：跟他有關的生活習慣與物品，包含曾經的相處時光與記憶，留下也罷，丟棄也罷，都不影響接下來要展開的生活。

換言之，當你反覆的鍛鍊身體，或充實自己的技藝，努力的讓自己的心更強大。就算你無法達到真正的「坐忘」，你至少可以完全的走出失戀的陰霾。

這本書前面也一直強調，談戀愛有很大的成分其實是自我的努力，但無論如何是兩個人的事。失戀其實也是，走出失戀多半是自我的努力，但對莊子來說，真正理想的「忘」，不只是一個人「忘」而已，而是要「相忘」。莊子有一個非常著名的比喻「相濡以沫，不如相忘於江湖」，這故事《莊子》書裡說了兩次，其中一次透過孔子之口來說，簡單用白話說明的話是這樣：

「魚在水中彼此相遇拜訪，人在禮中彼此相遇拜訪。魚與其在陸地上互相呵氣、吐唾沫來保持溼潤，不如在江湖中彼此遺忘。」

人也一樣，與其找人互相安慰，互吐苦水，不如見了面還可以保持禮貌互動。分開之後，我不特別留念你，你也不特別思念我，大家各過各的生活，彼此遺忘。

「相忘」並不是從此真的遺忘對方，也不是為了避免傷害而逃避對方。相反的，是如果再度相遇了，還可以交換一下彼此的生活，說一下近況，分開之後，再度回到各過各的生活。我不牽掛你，你也不牽掛我，因此不用躲著對方，也不用時時刻刻記掛著、憂鬱著，這樣才能真正的「相忘於江湖」。

《莊子》

顏回曰：「回益矣。」仲尼曰：「何謂也？」曰：「回忘禮樂矣。」曰：「可矣，猶未也。」他日復見，曰：「回益矣。」曰：「何謂也？」曰：「回忘仁義矣。」曰：「可矣，猶未也。」他日復見，曰：「回益矣。」曰：「何謂也？」曰：「回坐忘矣。」仲尼蹴然曰：「何謂坐忘？」顏回曰：「墮肢體，黜聰明，離形去知，同於大通，此謂坐忘。」仲尼曰：「同則無好也，化則無常也。而果其賢乎！丘也請從而後也。」

泉涸，魚相與處於陸，相呴以溼，相濡以沫，不如相忘於江湖。與其譽堯而非桀也，不如兩忘而化其道。

孔子曰：「魚相造乎水，人相造乎道。相造乎水者，穿池而養給；相造乎道者，無事而生足。故曰：魚相忘乎江湖，人相忘乎道術。」

成長的滋味

多年前畢業的學生回來探望母校，也來跟我聊聊天，得知他感情事業都有進展，前陣子剛剛結婚。

當年他失敗的戀情眾人皆知，我也略有耳聞。那時的他整日愁眉苦臉，同學說他晚上都睡不著覺，脾氣變得暴躁，一度聽說他想要休學或轉學來轉換心情。後來不知如何調適過來的，總之兩年後他變得沉穩很多，不但最後順利畢業，還考上了碩士班。我說：

「大家都說你變化很大，那你有後來某某的消息嗎？」

「他也結婚了，小倆口創業開店中，生意不差。我結婚他倆也都來了。」

「有時候想想，當年跟某某的孽緣其實也滿珍貴的，應該要感謝他。」

說起來這個宇宙有時候很簡單，比方說人與人之間的關係大約就那幾個大原則，比方說仁愛，比方說以禮相待。但有時候也很複雜，每個人的戀愛方式都不一樣，每個人面對失戀的方式也都不一樣。有人會斷絕一切聯繫，從此田無溝，水無流。也有人堅持不當情人還是可以當朋友，不論是裝沒事，勉強自己面對，還是依依不捨，博取同情，看看有無機會復合。因此每個人在失戀過後獲得的感受與變化，也各有千秋。有人矯枉過正，變得特別畏縮，或倒過來特別開放。也有人經歷了劇烈的情緒起伏之後，彷彿大病之後獲得了免疫力，從此處變不驚，心如止水。

「心如止水」是否代表再也不戀愛了？如果失戀過後從此不再拓展可能、可以發展的關係，那其實是矯枉過正的一種。「心如止水」也是來自《莊子》的典故，故事提到魯國有個人叫做「王駘」，他是個「兀者」，是瘸了腿的人，但他在魯國非常的受歡迎，追隨者跟孔子不分上下。王駘讓自己的心永遠保持平和，不受外在世界的變化牽連影響。孔子有個弟子叫做「常季」，他與孔子之間的對話十分精彩，讓我先引一些原文：常季問說：「彼為己，以其知得其心，以其心得其常心，物何為冣之哉？」其中「冣」就是聚集的意思。莊子則借著孔子之口回答：「人莫鑑於流水，而鑑於止水，唯止能止眾止。」

兩段話簡單解釋如下：

常季問孔子說：「王駘是個努力修養自己的人，把智慧用在體察自己的內心，並且用這樣的心去維持平常心。這樣的人，為什麼大家都聚在他身邊呢？」

孔子回答：「人不會用流動變化的水當鏡子來看見自己，而是用停止的水當鏡子。只有保持安靜狀態，才能讓想要安定的眾人前來依靠。」

常季的疑問並不難理解，一個事事考慮別人的人，才是受歡迎的人吧？像王駘這樣「為己」的人，說好聽一些是個人修養，但說難聽點就是自私啊！一個把大部分精神都放在自我內心修養的人，怎麼這麼多人要追隨他？然而孔子的回答正表現出自我修養對於人際關係的重要性，你越是情緒穩定，心境平靜，越能給與身邊的人安全感。相反的，姑且不說脾氣暴躁的人本來就容易人際關係不好，事實上凡是情緒起伏劇烈的人，不論是興奮、憤怒、悲傷、鬱悶各種不同情緒，都會感染身邊的人，使身邊的人多出許多不必要的情緒勞動。

儒、道二家的思維有時候接近，有時候互補，《論語》中孔子也說：「古之學者為己，今之學者為人。」雖然意思不全一樣，但孔子認為「學」是為了自己，而孔子的「學」包含了仁智的個人修養與「禮」的政治智慧，部分意思確實與王駘「為己」有互通之處。更進一步說，誠意、正心、修身，其實也是「為己」，沒有更好的自己，如何發展更好的戀情？此外，孔子講究「恕」道，要推己及人，但同理他人與保持自我情緒穩定，兩件事本來就不衝突。通常擁有親和力，使人樂意親近的人，往往同時擁有這兩個特質，一個是快速而貼近的同理心，另一個則是安定且平穩的情緒管理。擁有同理心會使人願意對他傾訴，感覺被理解；而情緒安定則能提供安全感，感覺可依靠，可被支持。

如王駘這樣，莊子借孔子之口說他的修養是「命物之化，而守其宗」，「命」在這裡是「明」的意思，「物」則是「事」的意思：明白外在事物的不斷變化，而保持內心的安定與平靜。

莊子認為，人應該擁有強大且安定的內心，同時不畏懼接受變化，認真過好每個當下能做的事，使每個與你接觸的人、事、物都如春天般溫暖。

然而這是容易的嗎？對有些人來說，可能受到了非常好的家庭教育，或是一路上有珍貴的摯友與長輩給予提醒，因此成長的過程當中自然而然的形成了這樣的人格特質。但很多人並非如此。如前面那位學生一樣，他從失戀的痛苦中學到了許多經驗，從而成為一個更好的人，因此當苦難過去，發現自己變得更強壯之後，反而會感謝刺激他成長的人。

雖然苦難不是必要的，但苦難卻往往是成長的契機，人往往在嘗過痛楚之後收穫成長。莊子將這種安定稱之為「攖寧」，「攖」是纏繞、紛擾，「寧」就是安寧、安定。莊子自己對「攖寧」的解釋是「攖而後成者也」，也就是擾亂過後，就算再度面對擾亂，也能在當中獲得平靜。

相較於一直以來都很安定，紛擾之後的安定更顯得可貴。如果能在混亂中重新找回平靜的自我，甚至會覺得原先的那個安定其實只是個表象，一旦受到外在因素的干擾（如失敗的愛情）便會嚴重失序崩潰。狄更斯小說《雙城記》開頭就表明了：「那是最好的時代，也是最壞的時代。」看似好的狀態中，反而潛藏著各種危機，看似壞的狀態中，正是復甦與強大的時候。這正是體現了老子所說的：「禍兮福之所倚，福兮禍之所伏。」

當然我們不必過分誇大苦難與痛苦的正向價值，人生能順遂最好，但古人常嘆人生不如意十常八九，當代人恐怕也難倖免。因此讓自身擁有更強大的心靈去面對變化，或是遭遇了變化想辦法讓自己變得更強大，那總是沒錯的。跟戰亂、早孤或身體殘缺相比，愛情的失敗可能稱不上什麼嚴重的傷害，然而傷害大小與否，其實跟人心的承受能力直接相關。失戀作為一種苦難可大可小，作為一個契機，有人因為失戀而深陷憂鬱谷底，也有人因此獲得「攖寧」。

如果不是嚴重到需要醫療介入的程度，有時候失戀後的療傷復原，真的就是一念之間，端看你的心是否準備好願意面對這個難關。

在這種情況下，或許失戀真的也不是壞事，多年之後，搞不好你也會很感謝自己曾經失戀。

《莊子》

魯有兀者王駘，從之遊者，與仲尼相若。……

常季曰：「彼兀者也，而王先生，其與庸亦遠矣。若然者，其用心也，獨若之何？」仲尼曰：「死生亦大矣，而不得與之變，雖天地覆墜，亦將不與之遺。審乎無假，而不與物遷，命物之化，而守其宗也。」常季曰：「何謂也？」仲尼曰：「自其異者視之，肝膽楚越也；自其同者視之，萬物皆一也。夫若然者，且不知耳目之所宜，而游心乎德之和，物視其所一而不見其所喪，視喪其足猶遺土也。」常季曰：「彼為己，以其知得其心，以其心得其常心，物何為冣之哉？」仲尼曰：「人莫鑑於流水而鑑於止水，唯止能止眾止。……」

死生存亡，窮達貧富，賢與不肖，毀譽，饑渴，寒暑，是事之變，命之行也；日夜相代乎前，而知不能規乎其始者也。故不足以滑和，不可入於靈府。使之和豫，通而不失於兌，使日夜無郤而與物為春，是接而生時於心者也。

其為物，無不將也，無不迎也；無不毀也，無不成也。其名為攖寧。攖寧也者，攖而後成者也。

幸福的定義是什麼？

十幾年前認識一個年紀稍長於我的朋友，那時我這個年紀的人被稱為「適婚年齡」，還沒結婚的多半會被大家問何時要結婚，連伴侶都沒有的則會被問要不要幫忙介紹。我這位朋友那時單身也沒有伴侶，被問得煩了，有時候不得不編造些故事來敷衍，諸如曾經有喜歡的人但他過世了，或故意釋出自己是同志的假訊息之類。他說：

「幹嘛人一定要談戀愛，一定要結婚不可？我看一堆人結婚吵架，要分手還麻煩一堆，也沒有比我幸福。」

這朋友後來一直單身，經濟也稱不上寬裕，但他頗知足，因此日子也算過得愜意，運動、讀書、旅遊大多一個人。偶爾會在社群媒體上抱怨一下工作，抱怨一下政治，但相對於我其他朋友多半抱怨家庭與孩子，他這方面倒是自由自在。看到我們苦惱於親職教育，他還會用旁觀者的角度給些建議與安慰。

另一個差不多跟我同年齡的朋友，也是單身十幾年，早早買了房子一個人住。十幾年前還會為了聚會、出遊之類的理由，認真的打理自己的體態。但經歷了幾次尚未開始便已經結束的失戀之後，變得有些自暴自棄，一個人大吃零食，大喝手搖飲。看到已經成家的朋友，語帶酸味的說：

「我沒你們那麼幸福，反正沒有人要，注定一個人肥死在家裡。」

到底什麼是「幸福」？這個詞在古文中稱不上古老，不過拆開來看，「幸」與「福」都有獲得幸運、神佑，因此而富貴長壽的意思。如果闔上這本書去查字典，或是上網調查「幸福」的意義，得到的答案大多是生活平安順遂，心情愉快滿足之類的答案。

然而在一般口語當中，在通俗的文化當中，當我們提到「幸福」，卻往往優先指向愛情的圓滿，尤其指向婚姻。我小時候看到的童話故事，便一再的宣揚「公主與王子結婚過著幸福快樂的日子」。老一輩的甚至有些人會覺得：人若不能結婚生子，不能傳宗接代，那無論多麼富貴長壽，事業成功，都是不幸福的。

幸福一定要情場得意嗎？同樣是單身，有人將愛情視為人生的終極目標，也有人覺得單身、自由自在的自己比有伴侶的人更幸福。「幸福」的意義人人不同，各有各的理由，但我認為如果「幸福」必須依賴茫茫人海中的某個人才能獲得，那也太悲哀了。

新世代的年輕人往往與前幾個世代有著不同的自覺，其中女性的自覺可能更加明顯。我成長過程中女歌手的流行歌曲或許可以找出幾個作為指標。三十年前的林憶蓮說〈不必在乎我是誰〉，歌詞中唱著「女人若沒人愛多可悲」，彷彿沒了愛情，女人便毫無價值。幾年後孫燕姿唱〈我要的幸福〉，變成了「我要的幸福沒有束縛」，愛情退後成了點綴幸福的一部分。前陣子獲得金曲獎的鄭宜農，在臺語歌曲〈新世紀的女兒〉中，期盼女性能在愛情與家庭中，或各種社會附加的責任中，重新找回自己：

「你敢會記得你家己？」

顯然的，幸福不應該等同於愛情，那幸福究竟是什麼？

上個單元提到，莊子認為理想的人應該擁有強大且安定的內心，同時能順應一切外在的變化。那他如何看待別人對幸福的定義呢？在《莊子》書裡，他分為四個層次來說：

第一個層次是：你的聰明才智符合一個職位的需要，或你的行為可以保護鄉里，或是你的道德足以被國人所信任而勝任君王。別人這樣期待你，你也這樣看待自己。

第二個層次是：你完全知道自己想追求的，也知道自己正在做什麼，因此別人稱讚你，你不會特別努力，別人詆毀你，你也不會特別沮喪，完全按照自己的步調，榮譽與羞辱都自己定義。

第三個層次是：觀察環境，順勢而為，有什麼就做什麼，沒有時勢便停下來，不強求也不汲汲營營於準備任何別人定義的一切，將環境給予的做到最好。

第四個層次就是莊子所主張的樣貌，用安定的內在，主動的在無窮的外在世界中遊走。在這個層次裡，擁有完整不受傷的自我，就是擁有幸福。換言之，幸福是自給自足的，不被任何外在的事物所限制，也不用等待某個條件滿足了才能得到。

這種隨時隨地都感到充實，無須等待條件滿足的幸福與快樂，可以稱之為「無待逍遙」。前三個層次，則是不同程度的「有待」，第一個層次等待「他人的肯定」，第二個層次等待「自我目標的實現」，第三個層次則等待「時勢」。

第一個層次其實是這個世界運作的普遍樣貌。人生在世，大多數時間都在滿足他人對自己的期待。學生時期滿足父母、師長對自己的期待，離開學校則滿足長官與社會對自己的期待。正如鄭宜農所唱的，「你敢會記得你家己？」

我常說像我這樣的凡夫俗子，能夠守在第二層次也就不錯了：每一個階段，都知道自己擁有什麼，期待什麼，該做什麼，因此能不受別人的影響，走自己的路。偶爾想做的事情正好搭上了時勢的順風車，那麼順勢而為，來到第三層次也不錯。

但莊子不這麼認為。給自己設定目標去努力，並且期待目標的實現，如果目標在此生無法實現呢？像大谷翔平那樣，給自己訂了一個不可思議的超高目標，還能按部就班的去達成，真的非常打動人心。但除了大谷自身無比堅毅的努力之外，有多少「條件的滿足」是來自於他不可控制的外在世界呢？別的不說，全世界愛打棒球的人那麼多，認真努力的人也不少，立下超高標準的恐怕更不在少數，但大谷翔平卻只有一個。

如果你付出了全部的努力，日語說「一生懸命」的盡力準備，卻在無法發揮全部力量的情況下被迫放棄，那是不是會受到強烈的失落感反噬？

談戀愛尤其如此。從前人為了滿足父母的期待去相親，去結婚，已經完全被認為是過時的了。那麼像言情小說中常有的情節那樣，堅持愛一個身分、地位都明顯有差距的人，如何！如果兩人能一起努力經營，一起排除萬難，那也就罷了。但有時候卻是這樣的：你盡全力去愛了，卻得不到對方理想的回應，或始終無法突破環境的限制，最終走向了分離。在這種情況下，是不是顯得自己的奮鬥十分可笑？

必須認清一件事實：「愛情」無論如何都是「有待」的，因為愛情必然牽涉到另一個人。因此當我們思考「幸福」時，無論如何都不應該把「獲得愛情」放在優先位置，更不能像童話故事那樣，用「婚姻」來作為幸福的標誌。當你用「愛情」來定義「幸福」時，某種程度上，你已經偏離你的幸福了。因為你的愛情未必是另一個人的愛情，因此你定義的幸福不可能如你所願的完整實現，必然要經歷某種修正、成長。也許會有「攖而後成」的愛情，或發現幻滅是成長的開始。

是的，越是具體的目標，恐怕就越難免於失落感。因此莊子說我們要「自事其心」，要對外在不可掌握的一切「安之若命」。就這部分來說，道家與儒家各有值得借鑑之處，孔子對於幸福的定義大概會跟莊子差很多，而我個人更喜歡孔子一點。

孔子將幸福放在努力的「過程」中，自顧自的「知其不可而為之」、「不怨天，不尤人」。孔子看起來是莊子說的第二層次，但他既然將幸福放在努力的過程中，而努力隨時可以從自己開始，或許也是另一種意義上的「無待」。人生有值得奮鬥的目標，因此「發憤忘食」，又因為「發憤忘食」的努力，讓人感受到「樂以忘憂」的境界。雖然是為了目標而前進，但幸福卻不在目標上，而在追尋目標的旅途裡。

如果沒有情人，那麼就追求愛情，不要追求情人；如果有情人，那就一起為了目標而努力；如果分手了，那麼就打理好自己，好好的適應新的生活，好好的去為下一次的相遇作好預備。無論如何，都保持一個安定、平靜的心，去享受那個追求的過程。

如此一來，無論是否有愛情，人生都是幸福的。

《莊子》

夫知效一官，行比一鄉，德合一君而徵一國者，其自視也亦若此矣。而宋榮子猶然笑之。且舉世而譽之而不加勸，舉世而非之而不加沮，定乎內外之分，辯乎榮辱之竟，斯已矣。彼其於世未數數然也。雖然，猶有未樹也。夫列子御風而行，泠然善也，旬有五日而後反。彼於致福者，未數數然也。此雖免乎行，猶有所待者也。若夫乘天地之正，而御六氣之辯，以遊無窮者，彼且惡乎待哉！故曰：至人無己，神人無功，聖人無名。

《論語》

子曰：「莫我知也夫！」子貢曰：「何為其莫知子也？」子曰：「不怨天，不尤人。下學而上達。知我者其天乎！」

葉公問孔子於子路，子路不對。子曰：「女奚不曰，其為人也，發憤忘食，樂以忘憂，不知老之將至云爾。」

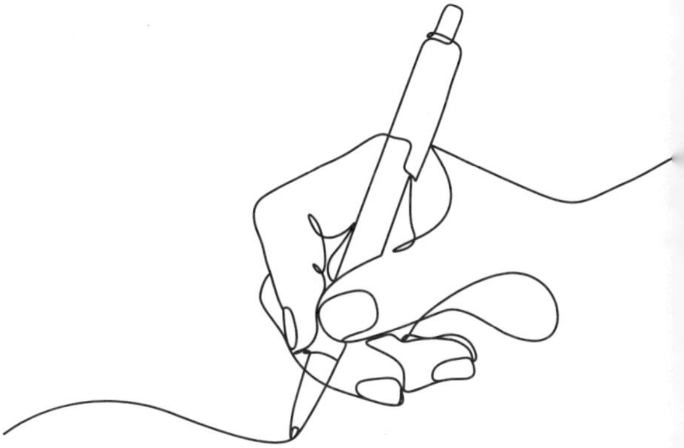

地雷課

那些談戀愛最好別去請教的老師

墨子：天志與鬼神可能不適合談戀愛

十幾年前，我一個好朋友準備結婚。這個朋友條件不錯，是國內重要產業的新銳開發者，年紀輕輕就獲獎無數，為人也相當隨和好相處。女方的家長對他本來沒什麼意見，但要求選定結婚的日子時，要去問問他們指定的命理師。小倆口依父母指示去請教，沒想到那命理師卻鐵口直斷，兩人非常不適合，女方會因此多災多病，很快被這位丈夫剋死。

女方家長聽了這話，當場要求取消所有結婚事宜。我這朋友覺得相當委屈，但也奮力一搏，又另外找了好幾個命理師給意見，做了諸般消災解厄的化解工夫。

兩人後來還是結婚了，婚後在臺北買了房子，生兒育女，各自在事業上都有重要進展。每隔一陣子就看他們一家人蹦蹦跳跳的到處旅行，拍照留念。

那幾年身邊結婚的多，幸好沒有人因為擇日或斗數等命理術數的關係分手，但類似的爭執還不少。另一對即將結婚的朋友，雙方家長各自找了命理師合八字挑日子舉辦婚禮，女方找的命理師同樣堅持兩人不適合，不應該結婚，用毛筆寫了一長串的滿是術語的紙條，退回了費用。

男方把紙條拿給自己這邊找的命理師看。那命理師笑了一笑，回覆了更長一串的紙條，指責對方完全誤解數術原理，胡亂解釋，壞人姻緣，會有報應。

我所認識到的這對夫妻，婚後同樣幸福美滿，出門總是同進同出，哪有什麼不適合結婚？身為好友，從沒聽過他們吵架。

東西方的星象命理各有千秋，信不信由人，沒什麼好批評的。對我來說，人類未知的事情實在太多，因此徹底的排除一切人類現在無法做嚴格科學驗證的術數或信仰，不免顯得有些過度自信。孔子說：「知之為知之，不知為不知。」人類連自己的身體也還存在著太多科學未解的迷團，不知道不代表不存在。「不信任科學」與「只信任科學」都存在著類似的盲點。因為如此，在科學並不發達的古代，孔子對鬼神的態度依舊值得我們仿效，他「敬鬼神而遠之」，對於未知的事物保持敬意也保持距離，不讓鬼神干預具體的人事舉措。

各種不同門派的星象命理向來是絕佳的戀愛話題，作為茶餘飯後的談資，甚至單身沒有伴侶時拿來當作找對象的某種依據，只要不影響日常生活的決斷，並不是什麼壞事。但戀愛是人與人的親密互動，結婚更牽涉法律上的關係，以及兩個原生家庭的進一步產生聯繫。活生生的人在你面前，你不去詢問，去溝通，去理解，反而想透過未能確定與否的鬼神來決斷人事，那豈不是捨本逐末了。

這本書前面引述了很多古代思想，包含了重視人際關係的孔子、孟子、荀子，以及強調自然的老子，跟重視人心的莊子。這些思想家倒也不是每個主張都適合拿來作為戀愛或失戀的指引，但大方向來說，都有值得借鑑之處。然而古代思想家中，有一些是實在不適合拿來談論人際關係的，比方說以「天志」為價值依歸的墨子。

「天志」就是「天的意志」。在墨子思想中，「天」是最高的價值依歸，「天」之下，還有「鬼神」，「鬼神」上則秉承天的意志，下則對人執行賞罰。前面講到人際關係有差別待遇時，就曾經拿墨子的核心思想「兼愛」來做反面的說明。有趣的是，墨子主張「兼愛」的理由之一，便是上天兼愛天下之人，因為「天」是最高價值的存在，是善良與一切法律的根源，所以我們要順從「天的意志」，也必須兼愛天下之人，否則「鬼神」便會降下處罰。

以「天志」為依歸有什麼問題？這牽涉到兩個對人際關係（尤其是愛情）來說，容易出現的負面影響。

第一個負面影響是以「直覺」去替代「理性」思考。首先要說明的是，《墨子》這本書有些部分是相當強調邏輯的，但也有很大一部分其實是直覺上想當然耳，實際上似是而非。打個比方來說，墨子對於兼愛的論述有一個重要的環節是「我若只愛自己不愛別人，便會傷害別人來圖利自己」，這便是一種訴諸直覺的論述。只愛自己不愛別人，不代表我一定要透過傷害別人的利益來愛自己。「愛」有千百種方法，豈有不愛等同於傷害這種邏輯？墨子又說：「我愛別人，別人便必定愛我」，這就更荒謬了。享受他人的付出而不給予正面回應，甚至惡言相向的，所在多有，豈能一相情願的認為「愛人者，人必從而愛之」？

就算沒有虔誠的特定宗教信仰，「天志」依舊長存於古今中外的人群當中，即便是現代社會，我們仍不免直覺的認為冥冥之中有某種主宰會透過他的意志來影響人事。當我們遇到無法解決的疑惑時，會忍不住請求上天告訴我們答案；而當「上天」代表某種大家都認同的觀念時，天意就變成了直覺。比方說一個曾經有外遇劈腿記錄的人，後來交往的對象也出軌不忠時，我們會直覺的認為那是報應。

因緣果報的法則常常被視為「天意」，也就是「天志」。若天意如此，那還有什麼好說的？一旦這樣想，那就陷入了以直覺替代理性思考的問題。情侶分手了，果然星座命盤不合不能長久；婚姻觸礁了，早告訴過你們八字不合。如果心安理得的接受這樣的答案，沒有去發現親密互動中的真實問題，那肯定重蹈覆轍。一旦重蹈覆轍，又說天意如此，便形成了惡性循環的自證預言。

「天志」對人際關係的第二個負面影響，則是將本屬人與人之間的互動，訴諸兩人之外的權威去解決。現代社會的運作方式跟古代有一個很大的差別在於：由於對「自由」有了十分嚴密且具體的討論，因此現代社會將「多元包容」視為一個重要價值。亦即在不危害他人的前提下，人人都擁有決定自己的生活方式與人際關係的權利。

在這樣的時代中，戀愛應該是「談戀愛的人」的事，自己的愛情自己決定。

自由並不容易，因為自由的另一層意義在於：為自己的選擇付出相對應的責任。讓我們回到愛情話題：這個人值得交往嗎？值得與他結婚嗎？你必須自己決定。就算你諮詢了他人的意見，甚至你找了命理師合八字、對命盤，最終與這個人相處的人還是你自己。

將人際關係，甚至是親密關係訴諸外在權威，在現代是非常危險的事情。古代以父母之命、媒妁之言決定婚姻，同時也給予了婚姻與家庭十分具體且細緻的禮教規範，並透過強大家長權威，去解決婚姻內部可能出現的問題。然而現代社會卻非如此，就算有父母之命、媒妁之言，真正要為愛情負責的還是只有愛情當中的人而已。愛情出了問題，你不能怪父母，不能怪媒人，不能怪天、怪地、怪社會，因為你既然有了自由的選擇，便要為你自由的選擇負責。

以「天志」作為愛情的最高價值當然還是可以的，兩人共同認可即可，這也是一種自由選擇。不少宗教團體會有內部規定，婚姻的雙方都必須是教徒才能談戀愛或結婚，如果雙方都同意，那他人也無從置喙。只是如此一來，當愛情不只是愛情，愛情還是信仰的一部分，是天（或神）的意志下的結果，那如果有朝一日雙方分手，那就要同時面臨愛情與信仰兩方面的抉擇。

這裡不批評任何宗教信仰，只是談戀愛與其請教墨子，我想我們應該有更好的選擇。

《論語》

子曰：「由！誨女知之乎？知之為知之，不知為不知，是知也。」

樊遲問知。子曰：「務民之義，敬鬼神而遠之，可謂知矣。」

季路問事鬼神。子曰：「未能事人，焉能事鬼？」敢問死。曰：「未知生，焉知死？」

《墨子》

曰順天之意何若？曰兼愛天下之人。何以知兼愛天下之人也？以兼而食之也。何以知其兼而食之也？自古及今無有遠靈孤夷之國，皆犓豢其牛羊犬彘，絜為粢盛酒醴，以敬祭祀上帝山川鬼神，以此知兼而食之也。苟兼而食焉，必兼而愛之。

聖人以治天下為事者也，不可不察亂之所自起。當察亂何自起？起不相愛。臣子之不孝君父，所謂亂也。子自愛不愛父，故虧父而自利；弟自愛不愛兄，故虧兄而自利；臣自愛不愛君，故虧君而自利，此所謂亂也。

夫愛人者，人必從而愛之；利人者，人必從而利之；惡人者，人必從而惡之；害人者，人必從而害之。此何難之有！

然則天亦何欲何惡？天欲義而惡不義 。然則率天下之百姓以從事於義，則我乃為天之所欲也。

惠施：逞口舌之快比較適合當名嘴

一個熱情大方，才華洋溢的朋友，娶了一個相對來說比較溫和嫻靜的太太，婚後兩人也還算甜蜜。雖然他們夫妻倆我們都認識，但每次去這位朋友家玩，都聽他高談闊論，很少跟他太太說上話。

幾年後，大家都忙於事業，只能透過社群軟體聯繫，輾轉得知他們有過幾次巨大的衝突，大多是太太離家出走，先生努力挽回之類。後來兩人有了孩子，太太卻鐵了心要離婚。清官難斷家務事，我們當朋友的，也只能分頭聽他們訴苦，不勸和也不勸離。太太說：

「他實在太多意見了，什麼事都是他對，什麼事都要爭辯到贏，幾乎沒有任何討論跟溝通的空間。如果只有我也就罷了，現在有了小孩，他說得比做得多，累得要死還要聽他各種育兒歪理，各種不帶小孩的推託。想到之後漫漫長路，我沒有比現在更清醒的時候了。」

我們想起了那些朋友高談闊論的聚會場合，突然覺得，他們離婚之後，不再是「太太」的這個朋友，個性與樣貌都從泥潭裡走了出來。

與人談話進而言詞交鋒，爭辯是非，是人類的溝通方式之一。只是在對談當中，對話者往往會將「論理」與「爭勝」混在一塊，而對話雙方或更多方，未必能做到「論理」與「爭勝」比例一致，也未必能察覺自己或對方處於何者較多的狀態。

「論理」與「爭勝」的差別在於：「論理」針對眼前所談之事物而論述，而「爭勝」則是為了使對方屈服而發言。

爭辯多半來自於面對某個事物的意見不合，因此開始時大致上能以論理為主，但如果不能聚焦於道理本身，或不願屈服於道理，或想要獲得壓倒對方的成就感，那就會逐漸往「爭勝」方向前進。辯論似乎也是人類的本能之一，古今中外都有針對各種事物進行辯論的歷史，如孟子便有「好辯」之名，因此也留下了「豈好辯哉？予不得已也」的名言。

辯論的理想型態應該是魏晉時期的「清談」吧！在那個時代，「論理」是一種競爭「知識」與「修養」的娛樂，在談話的過程當中，看誰能說出更好的道理，或表現出更高的器量。然後不論勝敗，參與談論的賓主觀眾，都以能見識到高明的談吐而感到愉快。相較於先秦諸子多講治國之道，魏晉的清談名士倒是很熱衷談「情」。只是這本書限於篇幅，沒能請到這些名士們來聊聊愛情，說起來有點可惜。

回到戰國時代。那個時代遊士說客很多，為了說服君王，打敗政敵，各種論理的技巧紛紛出現。其中當然也包含了以「爭勝」為目的，被視為「邪說淫辭」的歪理。孟子之「不得已」，就是為了透過「論理」去打擊「爭勝」。理性為主的荀子同樣主張「君子必辯」，但荀子對於言辯的討論非常細緻，簡單說他主張君子所辯必然居於正理，而正理則必然攸關人事實務，因此無關人事的「無用之辯」不辯，不出自正理的意氣之爭，所謂「有爭氣者」，也不辯。

談戀愛需要辯論嗎？用荀子的理論來說，其中自然有「君子必辯」的部分，其中的「正理」就是「愛」本身。關於彼此如何傳達愛，關於一起生活的協調，關於彼此如何共同面對這個世界，這些都需要大量的溝通，乃至於辯論。

「論理」是必要的，論理其實也沒必要分輸贏，道理往往在辯論中表現出來，基於道理，有時候雙方都是錯的，也有可能雙方都是對的。但不願意承認錯誤，不服輸，變成「爭勝」，那就傷感情了。「論理」得當，能讓愛情生活更親密，「爭勝」逞快，則讓愛情出現裂痕，因此愛情中的爭辯，其實也是要好好斟酌用詞的。

如果「爭勝」的人多少能據理而爭，那也就罷了，偏偏有一種「爭勝」是以口舌之快為主，自己是否有理，或自己的理是否被接受，反而不重要。這種逞口舌之快的「爭勝」，你只要打開電視轉到政論頻道，不用十分鐘就可以聽到一大堆，個個都是「名嘴」。說是理直氣壯，卻不顧拿出來的道理是否自相矛盾。連理直氣壯都沒有的，就轉而攻擊別人。

萬一別人沒有可攻擊的點，就轉移話題，去攻擊可以攻擊的地方，總之只為了求勝。

在戰國時代有一種被稱之為「辯者」的人，就是以「爭勝」為目的去進行辯論，堪稱古代名嘴。其中的代表人物是惠施與公孫龍。

辯者也有他們要傳達的道理，如前面介紹過的公孫龍，便有一個「故獨而正」的想法，惠施也有「氾愛萬物，天地一體」的理念。但他們在辯論的過程中，往往無視對方企圖傳達的「理」，以破解對方的說法，或引導對方陷入自己言詞所設下的陷阱為優先。換言之他們並沒有打算讓對方心服口服，只要辯論是自己贏了就行。

關於惠施，《莊子》書裡有一個非常著名的「濠梁之辯」故事：

莊子跟惠施在濠水橋上，莊子說：「儵魚出遊從容，是魚的快樂啊。」

惠施回說：「你又不是魚，你怎麼知道魚很快樂？」

莊子說：「你又不是我，如何能知道我不知道魚很快樂？」

惠施說：「對啊！我不是你，所以我當然不知道你知道什麼；你也不是魚，所以你也不知道魚感受什麼。就是這樣！」

莊子說：「讓我們回到對話的開頭，當你說：『你怎麼知道魚很快樂？』的時候，就已經知道我所知道的了，所以才會問我。那我是怎麼知道的呢？我是站在濠水旁邊知道的。」

作為莊子平日鬥嘴的好朋友，惠施主張「氾愛萬物，天地一體」，認為天地萬物彼此可以沒有任何區別，因此要博愛萬物。惠施繼承了墨子「兼愛」的理念，那為什麼會成為戰國「辯者」的代表人物之一呢？「濠梁之辯」就是個明確的例子。「梁」就是橋梁，在濠水橋上，惠施用來駁倒莊子的主要依據是「我不是你，所以我不知道你知道什麼」，換言之人與人之間，人與物之間，是有隔閡而無法彼此認知的。但惠施主張「天地一體」，如為一體，怎麼會無法相知？如果無法相知，要如何「氾愛萬物」？可見這段對話中的惠施，只打算在辯論中獲勝，並沒有要讓莊子接受自己意見的意思。

這段對話還有一個有趣的地方，在於惠施設下了辯論陷阱。惠施提出的第一句話，所使用的理路是：「你不是魚，所以你不應該知道魚很快樂。」如果莊子有發現這個陷阱，他大可直接說：「我不是魚，但我就是知道，我從濠水旁邊知道的。」不要進入惠施的思維理路裡。但莊子一開始顯然沒有發現這一點，因此順著惠施說：「你也不是我，所以你不知道我」，如此一來，惠施便可以得意洋洋的繼續申論他的理路：「我不是你，你也不是魚，所以我們彼此都不知道。」因為發現莊子中計了，所以惠施才會說：「就是這樣！」

這就是口舌之快，就是爭勝，惠施沒打算認真的講道理，只要贏了就好。

當然，莊子反應很快，他立刻就繼續打臉惠施。因為同樣的，當惠施說「你怎麼知道魚很快樂」的時候，他已經透過語言，從莊子那裡知道了。如果惠施不知道莊子知道什麼，他怎麼會問呢？既然惠施可以透過語言知道，那莊子也可以透過別的方法知道。

語言是惠施的強項，同時也是莊子的強項，這兩個人因此成為鬥嘴好伙伴。整部《莊子》書裡，惠施三不五時便登場一下，有時候表現兩人的好交情；有時候讓莊子表現他除了哲思深遠之外，也善於辯論；有時候表現莊子對惠施一心爭勝的不滿。

莊子怎麼知道魚很快樂？他不是透過語言，他是透過「感受」。「感受」很重要，人除了語言文字之外，有太多方法可以表達自己的意見。表情眼神、肢體動作、行為舉止等，這些細節綜合起來便是「感受」。談戀愛最重要就是去「感受」彼此的「愛」，如果「感受」太過模糊不清，那就好好的說話寫字。如果說話寫字還不夠清楚，那「不得已」只好「君子必辯」。

為了公共事務，為了團體前進的方向，有時候不得不爭辯到底。然而愛情中的「辯」只能是為了感受愛，其次是為了發現「理」，不能是為了爭勝負。自我的爭勝之心越強，感受愛的能力就會越弱，日復一日，當愛情不再有愛，情人便不再是情人，夫妻便不再是夫妻，而是爭勝負的「敵人」。

這世界戰場很多，為你的愛情留一方淨土吧！

《莊子》

莊子與惠子遊於濠梁之上。莊子曰：「儵魚出遊從容，是魚樂也。」

惠子曰：「子非魚，安知魚之樂？」

莊子曰：「子非我，安知我不知魚之樂？」

惠子曰：「我非子，固不知子矣；子固非魚也，子之不知魚之樂，全矣！」

莊子曰：「請循其本。子曰『汝安知魚樂』云者，既已知吾知之而問我，我知之濠上也。」

惠施多方，其書五車，其道舛駁，其言也不中。厤物之意，曰：

「……大同而與小同異，此之謂小同異；萬物畢同畢異，此之謂大同異。……氾愛萬物，天地一體也。」

桓團、公孫龍辯者之徒，飾人之心，易人之意，能勝人之口，不能服人之心，辯者之囿也。惠施日以其知與人之辯特與天下之辯者為怪，此其柢也。

商鞅：談戀愛不是算數學，講禮不講法

學生上課時不怎麼專心，看起來似乎是正在為課堂外的事情生悶氣。下課時間詢問了一下，他說跟情人約好的事情常常對方都做不到，然後明明是對方的錯，對方卻理直氣壯反駁說自己實在太斤斤計較一些不重要的小事。我問他：「什麼事情人家覺得你斤斤計較？」

「比方說約會時間遲到，或是早上八點的課沒在八點十分前丟訊息說早安，遲到一分鐘要處罰一塊錢。他幾乎每次都遲到個三、五分鐘，卻總是覺得無所謂。今天早上他上課遲到十分鐘，我好意幫他養成好習慣，竟然還要被他罵！」

「他遲到，你會打電話提醒他嗎？還是就等著他遲到然後跟他說今天罰多少錢？」

「自己的事情自己作好，遲到就是繳約會基金啊！我幹嘛提醒他？」

「你們約會都是AA制，各出各的嗎？」

「當然，戀愛不是長期飯票，絕對是一人一半。如果有約會基金，就是扣掉約會基金之後再對半分。」

「那誰決定去哪裡約會？去哪裡吃飯？」

「一人決定一次，公平公正！像聖誕節或情人節這種大日子，就是輪流決定。」

「我知道人家為什麼說你斤斤計較了，他有沒有說你應該擬定什麼『情侶組織章程』之類的，依法戀愛，謝謝指教……」

「老師你怎麼知道？」

同學拿出手機來，打算秀出他們的相處規約，我因此忍不住扶了扶額頭。

我始終覺得人與人之間「以禮相待」是千古不變的最重要原則。當然「禮」有古今不同，古代的「禮」因社會變動不大而顯得僵化，當代的「禮」則因社會變動太過快速而欠缺普遍共識。然而「禮」有大有小，現代國家社會或許很難形成普遍被接受，具有一致性、規範化、充滿細節的禮。但在小規模的人際關係中，本乎人情而形成的自然之「禮」，應該是每個人努力的目標才是。

將日常相處的各種細節，各種習慣，在彼此認可的情況下，形成某種規範，就是一種自然的「禮」。將「禮」直接講清楚，說明白，便會形成「法」。如果群體稍大，而且時常會有人員的進出，諸如宿舍或辦公室，會進一步將其寫成規章條文，形成「律」。為了確保團體內的人依規範行事，對違背規範的人做出處罰，那就是「刑」。只有原則沒有規範的，可以稱為「禮義」；有原則也有規範，就是「禮法」；有具體的規範與條文，那是「法律」；將處罰納入法律之中，就是「刑法」或「刑律」。

上面這是非常粗略的分類，整體來說，從「以禮相待」到「依法行政」，就是從鬆散到嚴密，從充滿彈性到不可逾越，從自然相處到刑罰威嚇。

那麼，戀愛有需要動用到法律，甚至刑罰嗎？

如果說「禮」的原則是順人情，使人與人之間的情誼交流有一個具體且合適的處置，那麼「法」的原則就是保持公正，維護秩序。換言之「禮」表現合宜的情感，「法」表現公正的秩序。情感必然有私人的成分，禮的功能在於使人能在公開的場合呈現私心，但法律卻必須是純然客觀的，不能讓任何私心摻雜其中。

法家思想的重要奠基者是商鞅，商鞅提出了幾個至今仍然適用的法律原則，其中一個便是「不以私害法」。法若有私，那便失去了公正，會失去人民的信任，並進一步使人民拒絕守法，從而導致法的崩潰。為了避免私情牽涉其中，法就必須超然獨立於所有人之上，以法為尊，其他所有意見都必須退居其次，這叫「任法而治」。

法家的理想是一切秩序都基於法，現代人常說「法律不外乎人情」，那是指法律的制定階段必須考量「人情」，而這個「人情」只能是眾人的普遍情感，依舊不能是某個特定人物的私情。沒有私情，依法行政，會形成一種機械化的互動方式：遇到甲情況，就用甲方法處理，沒有處理好，就用甲手段給予處罰；同樣的，遇到乙情況，適用乙方法、乙手段。你不能說因為某某人是我的好朋友，所以他的甲情況我用乙方法優待，那就是一種徇私。

古代人將「任法而治」這個原則發展成一種統治技術，後來稱之為「循名責實」。「循名」就是依循這個事物的標籤（名），去「責實」，也就是追究他是否符合這個標籤應有的樣貌（實）。不符合，那就給予懲罰；符合，那就給予獎賞。現代人則將這個流程叫做「標準作業程序」，英語縮寫為"SOP"。

任法而治、循名責實，變成「標準作業程序」有幾個好處，第一個是檢省思考過程，把SOP記熟了，怎麼來就怎麼去，作業員可以不花大腦就把事情作好。第二個是提高效率，什麼事情都對應好了，根本不用煩惱該怎麼處理。第三個是充滿秩序，從容不迫，畢竟什麼事情都有SOP了，照走就是了。

讓我們回到戀愛話題。談戀愛可不可以動用到法律與刑罰？當然可以！你可以非常高效率的、充滿秩序的、從容不迫的「任法而治」加上「循名責實」。而且隨著交往時間越久，SOP越來越健全，雙方越來越熟悉這套規則，不但依法行政，還賞罰分明，你就可以更高效，更有秩序，也更不用思考的談戀愛了。

只要你們倆喜歡，當然可以。但摒除私情的「戀愛」，還算得上是「戀愛」嗎？

人的感情是非常非常複雜的，你認真談過一次戀愛，多少便能感受其中奧妙。首先沒有任何「標準作業程序」能夠完整到覆蓋人的一生，如果有，那個人的生活一定是無限的悲哀，因為他的一切都被SOP決定了。其次，就算有某個人可以接受一成不變的生活，這個世界也沒辦法隨之一成不變，除非他過著遺世獨立的隱士生活，不然隨時更新他的「標準作業程序」幾乎是必然的結果。隨時更新的 SOP，其實就不是 SOP 了，只是一個假裝自己充滿原則的空殼罷了。其三，算數學有標準答案，給什麼公式什麼數據，數學就會給出固定的運算結果。但愛情不是。情話每句都不一樣，情人節每年都不一樣，如果都一樣，那麼不如不要說，不如不過節。

愛情的世界裡，唯一的標準答案大概就是「我每個時刻都同樣愛你」，而這句標準答案每次都要換句話說，或換個方式用肢體語言來說。甚至不說，用不同的方式去感受。

談戀愛以禮相待，讓更有彈性的，更模糊的禮來維繫你們的生活。規章什麼的，真的別太認真。

如果用撒嬌的就有效果，何必那麼認真搞刑罰呢？

《商君書》

故有明主忠臣產於今世，而能領其國者，不可以須臾忘於法。破勝黨任，節去言談，任法而治矣。

夫愛人者不阿，憎人者不害，愛惡各以其正，治之至也。臣故曰：法任而國治矣。

君臣釋法任私，則亂。故立法明分而不以私害法則治。

慎到與申不害：占上風？控制狂？快逃啊！

成為父母之後，偶爾會聽到一些長輩發表過時的建議，諸如：

「辯解就是頂嘴，別讓他們學會頂嘴，要乖乖聽話。」

「不用讓他們有選擇，做就是了。」

「小孩子不用那麼認真跟他說明理由，下命令就對了，不聽話就打。」

「根本不用多說，打一打就乖了。」

這類想法其實離我們的時代並不遠，新聞媒體偶爾也還會披露情節嚴重，形成家暴、虐待的情況。

父母對孩子的教養、照護關係，原本就具有一些自然的權力結構。

但在兒童人權逐漸普及的當代社會，加上親職的源頭依舊是愛，因此絕大多數的父母都會約束自己的權力，避免扭曲與暴力的親子關係。

但舊時代父權社會結構中的權力關係，不僅止於父母孩子而已，也包含了男女之間。那些發表過時言論的長輩，也有一些會將這樣的觀點放到夫妻或情侶身上，不但對於平權觀念嗤之以鼻，甚至瞧不起尊重女性的男性。

某回出差到外縣市，搭計程車前往目的地，遇上了一個健談的運將。一開始聊著這個縣市值得觀光的地方，運將熱情的推銷該縣市某活動，有啤酒，有年輕辣妹。我說：

「那聽起來不賴，可惜不適合帶老婆孩子一起去。」

「幹嘛讓他們知道？你就說你要來出差，然後自己去玩就好了。」

「哈哈，那當然不行，我從不對家人說謊。」

「不用說，做就是了，你老婆敢有意見嗎？男人不要跟女人一樣囉唆。」

我看話不投機，便微笑不回應，沒想到那運將一發不可收拾：

「現在的男人越來越沒用了，女人是被管的，不是來管人的，哪有男人出門還要報備的？根本不用理會他們的意見！」

他自顧自說了一陣子之後，終於抵達我的目的地。付了車資準備下車，運將還不忘酸溜溜的補一句：

「恁遮的惜某大丈夫，厲害厲害！」

我其實很同情他。很多男性得不到值得被他人認可，可以擁有尊嚴的成就，只剩下身為「男性」這件事情可以拿出來說，於是跟這個時代逐漸被接受的平權觀念格格不入。

有尊嚴只代表「值得被尊敬」，不代表擁有權力控制、命令或指揮他人。在禮的世界裡，人與人之間會隨著「情意」的不同樣貌而有地位高低的「尊卑」之分。「尊卑」代表著特定領域的敬意與重視程度，可能會夾雜著某種權力運作，但一來是這樣的權力是有限的，二來權力也不是必定出現的。

父母養育孩子，孩子尊敬父母，會自然形成尊卑關係。然而父母對孩子的權力是有限制的，而且這種權力會隨著孩子的成長逐漸消失。在孩子也成年之後，父母子女之間的尊卑關係依舊存在，但父母對成年孩子基本上已經沒有「權力」干涉任何事務了。

愛情關係也一樣。一般來說情侶與夫妻不一定存在著尊卑觀念，但在特定領域或特定場合當中，有時候也會表現出短暫的尊卑地位。比方說擅長下廚，負責料理的人（特別強調未必是女性），在廚房裡地位會自然提高。其他諸如擅長駕駛汽車，負責開車的人在車上（未必是男性），乘客便會尊敬駕駛的行車判斷；擁有專業工作能力的人，與伴侶一起進入工作場合中，更專業更有能力的人，在這場域中的地位會短暫的取代原本平等的情侶、夫妻關係。

但即便這種短暫的「尊卑」，依舊是基於尊重、敬意的「禮」，而不是具有強制力的權力。簡單說，我尊敬你不代表服從你，我展現能力不代表我可以命令你。在愛情關係裡，若是將「尊卑」對應為權力關係，那這段感情多半是扭曲的。

上一個單元提到，「法」可以是愛情關係的一種可能，但不應該成為關係中的核心。古代的法家另外有兩個重要概念，一個是「勢」，也就是地位高的必須擁有權力；另一個是「術」，也就是如何維持權力運作，確保權力者的意志能夠向下貫徹。對法家來說，「勢」與「術」都是維繫統治的關鍵，提出「勢」理論的是慎到，而提出「術」的是申不害。

古代法家有幾個重要的歷史源頭，成文法典的出現是一個；商鞅提出透過法律使國家富強的理論，同時也成功的實踐為「變法」，是第二個；接著是老子思想在戰國時代的新發展，將法律視為「天道」規律的衍生物，形成了一套君王「以天道為治道」、「無為而治」為中心的「黃老治術」，這是法家形成完整理論的關鍵。「勢」與「術」就是黃老學說講「無為而治」的兩個重點。

慎到認為：擁有「勢」的人才能真正擁有影響力，而不是擁有道德、智慧或口才的人。而「勢」高的人，甚至無須說什麼話，做什麼事，他只要維持這樣的權力，自然會讓被支配的人受到影響，自然的把事情完成。舉兩個例子來說：弓箭射向天空，擁有風「勢」的那枝箭，不需要什麼強力的弓，也可以飛得又快又遠。將巨大的石頭放在高處，有著可以掉下來的「勢」，這個石頭無須做什麼，就能指揮他人繞道而行。

愛情是需要影響力的，戀愛中的人，需要彼此互相配合，多少期待對方會為自己而改變，那就是一種影響力。有些人為了擴大影響力，會忍不住以「爭奪主導權」的角度去認識愛情，甚至將愛情視為一種戰爭，致力使對方愛上自己，便可以命令對方服從，彷彿獲勝。

在關係中強調權力的人，他愛的並不是「那個人」，他愛的只是自己的支配欲，是那個擁有權力的自己。所以在關係中只有他影響別人，讓對方做出改變，自己卻不受影響，盡可能無須改變。那是愛情嗎？我完全不這麼認為。

申不害的「術」比強調無為而治的「勢」，更不適合拿來談戀愛。「術」是一種永遠保持優勢權力的「技術」，也就是為了長保權力，不使權力外移或被推翻，所使用的手段與方法。

比方說：擁有權勢的人，不應該輕易吐露自己的想法，也不應該在任何程度表現出自我。因為如果自己的心意被察覺，人家就會想辦法作好準備，讓你的意圖無法順利執行；如果有任何自我表現出來，若顯得充滿智慧，人家就會透過吹捧讓你懷疑自己；若顯得欠缺智慧，人家就會隱匿壞事不讓你知道。將自己全面隱藏起來，不讓對方無法做出任何可能的應對，便只能乖乖的接受命令了。此外，為了避免權力外移，擁有權力的人必須獨自做出決策，不能聽從他人的意見，也就是「獨斷」。

隱密心意，獨斷決策，減少下位者思考與應對的空間，才能維繫權力，持續的支配他人。這是古代法家對於專制「君王」所做出的理論建議。我完全不認為這應該用在「正常的人際關係」上，尤其是愛情這部分。

愛應該是基於尊重的相互親密互動，不應該是單向的支配；也不應該為了維繫權力支配，而透過自身的影響力去迫使對方無法做出正常的反應。

如果有人假借愛情的名義，企圖支配你的生活，你的任何想法、任何意見都會被否決，都會被壓抑。快逃走吧！

《慎子》

堯為匹夫，不能使其鄰家。至南面而王，則令行禁止。由此觀之，賢不足以服不肖，而勢位足以屈賢矣。故無名而斷者，權重也；弩弱而矰高者，乘於風也；身不肖而令行者，得助於眾也。

《韓非子》

申子曰：「上明見，人備之；其不明見，人惑之。其知見，人飾之；不知見，人匿之。其無欲見，人司之；其有欲見，人餌之。故曰：吾無從知之，惟無為可以規之。」

申子曰：「獨視者謂明，獨聽者謂聰。能獨斷者故可以為天下王。」

韓非：帝王之術？你真的想太多了

多年前有一回跟朋友聚會，其中一個朋友帶了一個多數人都不熟悉的人來。朋友私下先透過訊息說明：他跟這人也不熟，偶然在工作場所見面，是個健談不無聊的人，單身多年，想拓展人際關係，也想認識我們這群朋友的共同興趣。

「總之不是業務員，長的也帥，想說那個誰跟那個誰也單身，認識一下也不錯。」

這人來了之後，果然相貌堂堂，什麼話題都能聊，也什麼話題都想發表「高見」。提到戀愛話題，他高論男主外、女主內還是值得堅持的；提到育兒，他主張嚴厲的高壓教養；不小心聊到了幾個社會議題，又大言嚴刑峻法，認為亂世用重典，國家才會強盛：

「政府不知道在搞什麼，酒駕這種小事一點都不難處理，臨檢酒測只要有檢出，直接十年以上徒刑。超過一定程度唯一死刑。保證每天晚上大家都找代駕，還可以促進經濟。」

聽了好一陣子我無法認同的「高見」，我忍不住諷刺說：「酒駕被抓到唯一死刑，那如果不小心出了事故，左右是個死，是不是乾脆把人碾死？」

「那還不簡單？更嚴重的就連坐，父母兄弟通通處刑。總之勸導跟教育沒用啦！都已經搞到人人念大學了，連喝酒不開車都做不到，可見人要會痛才會怕。然後那些不怕死的，乾脆殺一殺社會比較乾淨。」

我看了看幾個單身的朋友，多少都露出了不以為然的表情，但那人並沒有察覺。不知怎麼的又聊回到了愛情與家庭，對女性朋友說道：現在的男人都不像男人了，欠缺統御之術，要使用善意的謊言與強大的性能力，來讓女性服服貼貼。他說得起勁，帶他來的朋友突然說：「你之前不是說那個什麼工商展今天最後一天？不如我陪你去見識見識吧！」便與他一同離開了。

離開之後，大家異口同聲的表示：這傢伙真是憑實力單身，簡直是這個世代的奇葩。稍晚，那位帶奇葩來的朋友還傳訊息跟大家道歉。

在古代思想中，荀子雖然以「性惡」論著稱，然而閱讀《荀子》便知，荀子實際上對人充滿了信心，認為人完全有能力可以憑藉著天生的認知能力去學會「禮義」，從而將包含自我在內的周遭都治理得有條不紊。荀子講「性惡」，是強調自然天性並不完美，因此需要透過學習才能達到「善」。

剛剛提到的這位奇葩先生，或那些強調嚴刑峻法才能維持秩序的說法，其實才是主張「性本惡」的人。因為主張「性本惡」，所以根本上不信任「人」，既不相信人可以互相關懷體諒，也不相信能夠透過「教育」來獲得和諧。所以只能透過刑罰與恐懼，才能在威嚇管理之中使人保持秩序。

前面兩個單元講到了幾個法家代表人物，包含了商鞅、慎到與申不害。而古代的法家思想集大成於韓非，韓非正是極端主張「性本惡」的人。他說：

「人還是個嬰兒的時候，父母給予的養育太過簡略，孩子長大便會怨懟；孩子長大成人，對父母的供養太少，父母便會發怒譴責。孩子與父母是至親，或是痛罵，或是埋怨，都是因為心裡覺得對方沒有更完備周全的對待自己。」

「今天有個不成材的孩子，不論是父母發怒，鄉里痛罵，師長教誨，都不改正。以父母之愛，鄉親好的行為，師長高明的智慧，通通沒有辦法使他變好。要等到官府帶著官兵，以法律來逮捕姦惡之人，這些人才會恐懼，才會改變。可見人民因為愛而放縱，因為威嚇而聽話。」

韓非認為：人除非面對利益與恐懼，不會為任何事情改變，因為愛、智慧、品格都是不存在的，都是自私自利的一種偽裝。這就是極端的「性本惡」，完全不信任人，只能透過賞與罰來維持秩序，尤其是嚴厲的刑罰。

徹底主張性本惡的人，適合談戀愛嗎？

首先要釐清的是，愛情的本質是什麼？我認為愛情的本質是共同擁有彼此，單純的為對方著想，也享受對方的關心；樂於為對方付出，同時也享受對方的付出。在理想的愛情互動中，根本不用區別彼此，兩人的念頭、行動與目標，都是為了讓兩人各方面都感到更舒適，更愉快，並基於這個狀態而分工合作。

但有些人不這麼認為。他們認為的「愛情」，很大成分是一種利益的交換。

讓我說得極端一些。如前面的奇葩先生，他們的愛情是性愛，是繁衍後代，是照顧自己長輩與孩子的勞力。為了獲得這樣的欲望，他們認為自己可以透過「金錢」與「安全保證」，去交換另一個人的一生來滿足自己。同時他們也覺得自己付出的「金錢」與「安全保證」，是給對方最大的「獎賞」。他們無法理解，自己已經辛勞工作賺錢了，對方不用賺錢卻可以享受自己辛勞的成果，明明已經很幸福了，怎麼還會有怨言？如果對方竟然還不滿足，那就需要給予適當的「懲罰」，來讓他們乖乖聽話。

那要如何最大化自己的欲望，杜絕對方的不滿，同時調配好獎賞與懲罰的比例？他們認為這就是「統御」。這些人多半喜歡談論那些雄才大略，御下有術的古代帝王，認為那才是人的典範。

這種「愛情」觀，在常見盜賊與飢荒，物質生活相對貧乏且生命安全無法獲得保證的古代，或許是有機會成立的。但在富足且法治的當代社會，當絕大多數人都能夠透過平等的機會獲得經濟獨立，同時社會安全也有相當程度的保障時，過分強調「辛勞賺錢」的利益付出，自然會顯得格格不入。

話說回來，古代的法家思想並非全然無可取之處，首先法家主張「公平」與「無私」，依舊符合現代法治社會的需求。作為法家源頭之一的黃老思想，將法律視為「道」的一部分，給予法律超然不受任何私情影響的地位。同時主張君王必須受到法律的約束，某種程度上也具有現代法治社會以法律約束政府權力的意義。然而韓非的學說以帝王治強為核心，君王要以統御之術來保持絕對的權力，並透過賞罰等機制，去控制底下的臣子與百姓。韓非認為，新時代的君王應該變法，使國家富強，征服敵國。過往的禮樂文明已經完全沒用了，過往的德行或賢才也應該隨著時代變化而拋棄。他說這些東西「當今之時，將安用之？」

對韓非來說，法律不過是君王統治國家的手段之一；而一切人際互動，最終將只剩下充滿試探與不信任的君臣關係，其他的都不重要。

帝王統御之術裡沒有愛情，而且也過時了。如今二十一世紀又走過了二十幾年，當今之時，將安用之？

《韓非子》

人為嬰兒也，父母養之簡，子長而怨。子盛壯成人，其供養薄，父母怒而誚之。子父，至親也，而或譙或怨者，皆挾相為，而不周於為己也。

今有不才之子，父母怒之弗為改，鄉人譙之弗為動，師長教之弗為變。夫以父母之愛，鄉人之行，師長之智，三美加焉而終不動，其脛毛不改；州部之吏，操官兵推公法而求索姦人，然後恐懼，變其節，易其行矣。故父母之愛不足以教子，必待州部之嚴刑者，民固驕於愛、聽於威矣。

操法術之數，行重罰嚴誅，則可以致霸王之功。治國之有法術賞罰，猶若陸行之有犀車良馬也，水行之有輕舟便楫也，乘之者遂得其成。伊尹得之，湯以王，管仲得之，齊以霸，商君得之，秦以強。此三人者，皆明於霸王之術，察於治強之數，而不以牽於世俗之言。

若夫關龍逢、王子比干、隨季梁、陳泄冶、楚申胥、吳子胥，此六人者，皆疾爭強諫以勝其君。……如此臣者，先古聖王皆不能忍也，當今之時，將安用之？

孫子：情場不是戰場，失戀不是戰敗

時代變化得很快，二十幾年前沒有智慧型手機，上網也沒那麼方便，因此想談戀愛多半要靠「腳勤」，多走動，多說話。

那時候有個受歡迎的朋友，同時有兩個不錯的對象正對他展開猛烈的追求，一下子噓寒問暖，早起送早餐；一下子陪聊心事，聽他傾訴課業與人際關係的苦惱。兩個追求者幾乎同時告白，讓我這朋友有些意亂情迷，難以在兩個人之間做出抉擇。便分別打電話跟兩個人表示：給他一些空間，一個禮拜不要聯繫，一週之後，才會給予答覆。兩人當下都表示同意。

那時大家都年輕，一週之後，我們這群吃瓜朋友紛紛打電話探聽花落誰家。朋友無奈，只好帶著新鮮熱辣、剛交往情人一起來聚會，昭告天下。

「他不守約定，才隔天就跑來我家樓下，一句話不說就是站著。我發現時他已經站了半天了，怎麼可能都不理他？」朋友略帶嬌嗔，如此說道。

「我哪有不守約定？我沒按門鈴，沒打電話，也沒大呼小叫。我是主動出擊，在家裡等不如去你家外面等，在你家外面等不如在你家裡面等，看看能不能不用等，先搶先贏。」

「你臭美，搞不好我直接拒絕你，選那個誰啊！」

「要拒絕早就拒絕了，既然一半一半，與其等你去諮詢朋友，不如直接諮詢我啊！」

眾人大笑。

二十幾年前沒有通訊軟體，人際關係跟現在相比少了很多隱密性。那時候的戀愛多半伴隨著龐大的電話費，再早一些，則是龐大的交通費。

不論是電話鈴聲還是火車汽笛，多少都會引人注目。

如果說「情場」真的如「戰場」的話，現代人要祕密的談戀愛，甚至可以透過網路進行精密的「時間管理」。虛虛實實的，神乎其技的，打一場「以寡擊眾」的大規模戰爭。

談戀愛是否真的像是上戰場呢？從許多通俗故事來看，「情場如戰場」的比喻似乎牽涉到兩個部分：首先是戀愛前的追求階段，此時的「敵人」是已經現身的或仍隱藏暗處的追求者，而愛情則像是獲勝之後的「戰利品」。其次是戀愛後的交往階段，為了在愛情中占上風，讓對方更「愛」自己，更在乎自己，表現得更嫉妒，付出得更多。此時的「敵人」變成了戀人本身。那「戰利品」還能是什麼？兩人既然已經是戀人了，那獲勝方得到的大概是控制欲的滿足，或獲勝者的優越感吧！

要說戰爭，兵家寶典《孫子兵法》可是箇中翹楚。要如何降低情敵的注意力？孫子說：「能做到的，要表現出不能；可以用的，要表現出不用，近的話要表現出遠，遠的話要表現出近。」

要如何偷偷接近意中人？孫子說：「攻其無備，出其不意。」

要如何抓住對方的注意力，讓對方無時無刻不想著你？孫子說：「要主動影響他人而不受他人影響，能使敵人自己來到你指定的地方，要透過利誘；使敵人無法到達某個地方，要讓他感覺到損害。」

要如何給對方驚喜，使他無從防備？孫子說：「讓對方覺得我隨時會出現，所以要時時刻刻留意自己，這樣我專注，而敵人就分心了。我全心全意準備一件事，而敵人卻不得不分心到十個部分，相對之下我是用十倍的力量去進攻對方的一分。」

諸如此類。可以說任何形式的「戰爭」，無論是真實的戰場，商場，或是「贏得對方的芳心」的「情場」，只要是必須分出勝負的競爭關係，《孫子兵法》都可以提出有意義的「作戰指引」。古今中外對於《孫子兵法》的各種解析，多不勝舉，什麼領域都有。這些「作戰指引」有效嗎？如果你的目的是獲勝，並且能確實執行，那肯定是有效的。然而這些虛虛實實的狡詐、迂迴、虛假、隱瞞，各種「策略」，無疑都是機心與城府。

孫子說「兵者，詭道也」、「兵以詐立」。如果你只是要獲勝，那運用之或許能夠獲勝，但是在愛情的領域裡，你想要贏得什麼呢？用「詭」、「詐」贏來的愛，出發點不是真誠的，總有現出原形的時候。用詭詐之術打敗情敵贏來的愛情，真的能與對方長久嗎？為了一時的勝利說了一個謊，這個謊能戳破嗎？要當一個直白而陰險的小人，還是說更多的謊去圓呢？

我始終相信真誠才能吸引真誠，以詭詐在「情場」上獲勝的人，就算對方承認你的「勝利」，這個戀情的開始也會有一絲不甘吧？

此外，真實的戰場上講究消滅敵人所有的反擊能力，方能順利接收戰利品；但是在「情場」上，你的獲勝是不可能做到這程度的。就算你能擊敗所有情敵，甚至可以跟意中人結婚，乃至於白頭偕老，真實的「愛」也是勉強不來的。

肉體可以是戰利品，但人不是物品；承諾可以是戰利品，但愛只能願意給，不能勉強要。

各位讀者看到這裡，應該多少發現這本書的基本論調了：愛情是基於愛的親密互動，是平等而雙向的關懷與付出。因此本書始終強調，追求愛情，不要追求情人；追求情人會有「勝敗」，但追求愛情之後，就算失戀也累積了經驗與收穫，不能用戰敗來說。

愛情就是愛情，不要輕易混淆其他的。將界線劃清楚，不同的愛各自去到各自的場域，不是愛的關係回到各自的關係。讓賞罰回到法庭，讓君臣回到朝廷，讓勝敗回到戰場。如果愛情裡必須要有這些東西，要永遠記得你是為了「愛」而跟這個人交往，不是為了當法官，不是為了當帝王，也不是為了當勝利者。愛才是你們關係的核心，所以在愛中請放下那些無關對方的私欲，不要用權力欲望，或勝利者的姿態，去面對你所愛的人。

最後補充說一下開頭那個故事的後續。那兩人交往不到一年就分手了，分手的原因我不清楚，我想任何分手理由，就算是當事人也很難明白透徹。而那位遵守約定乖乖等了一週，卻等到一通拒絕電話的苦主，當時倒是大方的接受了結果，還跟我們交上了朋友。沒想到竟然讓他又等到捲土重來的機會。隔了幾個月，才聽說這兩人歷經波折，最後還是在一起了。

《孫子兵法》

兵者，詭道也。故能而示之不能，用而示之不用，近而示之遠，遠而示之近。利而誘之，亂而取之，實而備之，強而避之，怒而撓之，卑而驕之，佚而勞之，親而離之。攻其無備，出其不意，此兵家之勝，不可先傳也。

故善戰者，致人而不致于人。能使敵自至者，利之也；能使敵不得至者，害之也。故敵佚能勞之，飽能飢之，安能動之。

故形人而我無形，則我專而敵分，我專為一，敵分為十，是以十攻其一也。

故兵以詐立，以利動，以分合為變者也……先知迂直之計者勝，此軍爭之法也。

董仲舒：都什麼時代了，陽尊陰卑這觀念就讓它消逝吧！

我三十歲前後結婚、生子，一般來說稱不上早。但因為文科博士的養成一般會需要更多時間，所以我在就讀博士班時期就成家，在男性同儕當中算是相當早的。博士班畢業之後，大家都因為成為了流浪教師而苦惱，我那時除了四處兼課之外，更因為有家庭的緣故，特別容易受到同情。

有回在學術場合遇到幾位年紀差不多的學界朋友，有男有女。男性除了我之外都未婚，女性中則有一位剛剛結婚，不過還沒拿到博士學位。大家聚在一塊聊天，我因為已經當了爸爸，深知懷孕、生子、育兒的辛苦，便對已婚還沒畢業的女性朋友說：

「一定要跟先生好好溝通，如果要有孩子的話，一定要先完成博士論文。不然博士畢業遙遙無期，會覺得自己被困在家裡。」

那位女性聽了這話，握拳加點頭，表示同意。另一個已婚、取得學位，跟我一樣正在尋覓專任教職的女性，則對我說：

「我們還好一點，沒有教職還可以回家給老公養，專心照顧家庭。你們男生比較辛苦，要賺錢養家，在學界已經學業、事業兩頭燒了，還要分攤家庭工作。」

此話一出，剛剛那位剛結婚的女性抗議了：

「我可沒打算全靠老公養，而且幹嘛預設女人要『專心照顧家庭』？我要是薪水比老公優渥，也可以他考慮『專心照顧家庭』啊！」

我接著說：「這個年紀大家都很辛苦啦！如果想要孩子，女人更辛苦，畢竟肚子跟奶水男人都沒有。不過除此之外，大家都有自己的理想，女人也應該有自己的事業。只要生活過得去，要不要工作賺錢，根本與性別無關。我賺錢養家是因為我對家庭有責任，是因為我喜歡這個事業，不是因為我是『男生』。」

那幾年常常會出現類似的對話。有時候是對方主動提到男生或女生「應該如何如何」，有時候是我要說到要回家照顧小孩，對方因此發表了一番意見。我常常覺得很多事情明明不應該有性別區分，偏偏這樣的觀念根深蒂固，有時候還會出現前面幾篇出現過的「男尊女卑」意見，更嚴重的更有仇女、厭女的成分。

前面已經說過，「尊卑」本身並沒有問題，那是基於不同的場域，因為不同的身分與地位而自然會出現的情況。打個比方說：在教室裡，擁有「教師」身分的人，地位會高於「學生」。在任何情況下，人與人之間都是互相的，在教室裡，學生基於知識的渴求而尊敬老師，而老師基於傳遞知識的需要而耐心教導學生。如果老師沒有擁有符合其身分的知識或學問，那麼學生便會對老師失去那份尊敬；同樣的，如果學生並沒有對知識的渴求，那麼老師也會對學生失去那份耐心。

在儒家的想法當中，「尊卑」不只是權力，還代表著對於彼此「身分」意義的尊重。孔子所謂君君、臣臣，父父、子子，便是如此。

在這個強調平等與多元的時代裡，「尊卑」更應該隨場域與身分的異同而有所變化。離開了教室，學生可能在特定領域擁有比老師更豐富的知識，如果老師對於這個知識也有渴望，那麼在那個場域裡，尊卑就自然逆轉了。我早期教過的學生，在不同的領域裡各有專業，如果我有需要跟他們請教，稱呼上可能習慣依舊叫我「老師」，但在那個請教的場域裡，尊卑的地位早已跟從前的國文課相反了。

君臣、父子，抑或是師生，多少都會牽涉到權力運作，然而權力的上下關係，與尊卑的互動關係，應該要分開看待。打個比方說，在職場裡，上司有權力決定屬下的薪資，因此屬下必須根據公司的需求，「服從」上司的指示，這是權力運作。然而如果這位屬下是公司高薪聘來的專業人才，屬下的專業能力遠遠超過上司，在工作場域當中，上司反而要「尊敬」屬下的工作能力，聽取屬下的專業意見。

談戀愛自然也是如此。情侶或夫妻之間，或許會有隨場域與相處模式出現的尊卑，然而要時時提醒自己三件事：

其一，尊卑不是絕對的，在不同的場域，不同的情況下，會不斷的變化。有時候因為他更擅長廚藝而尊敬他，有時候因為他投入更多心力在清潔而尊敬他。如果不想分得那麼清楚，那麼任何時候都互相尊敬，多聽對方意見就對了。

其二，愛情幾乎可以無涉權力關係，尊敬不是服從，沒有什麼付出是理所當然的。即便是聽取你的意見行事，也不代表你可以頤指氣使，將對方視為部屬來指揮。

其三，性別不應該成為決定尊卑或權力的關鍵，不要讓性別決定人是什麼樣子。

決定尊卑或權力的關鍵要素很多，其中可能也包含了身體條件。比方說需要力量付出，那麼誰的力量大，相當於擁有更強的能力，在這件事情上就值得尊敬。然而即使普遍來說男性的力量更大，但只要經過良好的鍛鍊，女性的身體能力也可以勝過男性。同樣的，男性的廚藝或針線活也可以強於女性。統計上的差異未必等同於實際上的樣貌，說得誇張一點，天底下有多少男人可以跟郭婞淳、陳葦綾這些女性運動員比力氣呢？

從先天性別直接決定尊卑關係，實在太不公平了。如果這種透過性別決定的尊卑，還被賦予了權力關係，那就會變成一種壓迫。

先秦時代的儒家強調人與人之間的互動，彼此尊重，以禮相待。當然基於時代的緣故，孔子、孟子、荀子肯定不是什麼女性主義、性別平權的倡議者，但他們的學說至少不會助長不可逾越的，性別權力化的關係。現代人提到儒家便想到「封建」、「專制」，多半是因為董仲舒。

董仲舒是漢代的儒學大師，他最著名也最有影響力的理論，便是將「天」、「陰陽」、「五行」等觀念，配合大一統王朝的統治需求，融入並整體改造了儒家思想。

「陰陽」原本是一種自然的現象，陽光所照射的地方是「陽」，被東西遮蔽的陰暗處是「陰」。作為自然現象，二者本來沒有高下、尊卑之分，頂多基於不同的需要，視情況會更喜歡陽光或遮蔭多一些。比方說我寫稿的現在正是七月溽暑，愛跑步的我自然更享受遮蔭一點，等到一月寒流來襲，那時我反而希望在冷風中可以多曬太陽。

然而董仲舒卻賦予了「陰陽」一種絕對化的關係，直言「陽尊陰卑」，而且不可跨越與混淆。他說：「陽」是給予的，是仁愛的，是寬緩的，是喜歡的，是生長的。而「陰」是奪取的，是兇暴的，是急躁的，是嫌惡的，是死亡的。

如此一來，「陰陽」就不再是自然現象，而是一種附有善惡價值的東西。而董仲舒之所以給予「陰陽」絕對不動的地位，是為了將其與人事結合，使「人」與天地中的「陰陽」可以相對應，並因此決定人群中的身分地位。這種對應以君臣、父子、夫婦，後世稱之為「三綱」的三個主軸而定，也就是：

「君為陽，臣為陰；父為陽，子為陰；夫為陽，婦為陰。」

董仲舒認為：凡是物，都各自有各自的配對需求，而各自的配對需求裡，各有各的「陰」與「陽」，「陰」需要「陽」，「陽」需要「陰」。這種理論強化了社會中人與人之間的「從屬」關係，而消解了個體的獨立。

除此之外，在董仲舒的「陰陽」理論中，「陽」常常要走在前面，承擔事務；而「陰」則常常懸在後頭，持守空處。「陰」不但不能獨自運作，在任何事務開始時，也不能由「陰」來帶領；結束時，也不能讓「陰」分有功勞。

將君臣、父子、夫婦與「陰陽」結合的結果，在上位者就是「陽」，下位者就是「陰」；君、父、夫就是「陽」，臣、子、婦就是「陰」，完全沒得商量。就算丈夫的出身卑賤且能力低下，也是「陽」；婦人高貴而能力卓越，也是「陰」。

「陰陽」代表了從屬關係，也代表了權力關係，因此在「陰」當中、在「陽」當中也會再分「陰陽」。比方說臣子在朝廷，相對於君之「陽」，身為「臣」他便是「陰」。到了自己的辦公府邸，他是主官，那麼相對於僚屬，他就是「陽」，其他僚屬是「陰」。僚屬們回到家中，相對於妻與子，他便是陽，孩子便是「陰」。孩子們有男有女，男孩是「陽」，女孩是「陰」。

因此「陰」與「陽」不但具有從屬關係而不平等，甚至也未必是「一陰一陽」，在數量上也是不對等的。在不同的從屬結構中，所有的下「陰」都必須為上「陽」努力付出，而且將所有的功名集中在「陽」身上，就算有功勞，也要推辭。

解釋到現在，不曉得讀者們能否感受到，這套以自然現象為名的「陰陽」理論，實際上古今中外都有，只是程度不一，結構嚴密有異。用現代的話來說，就是「父權社會」。現代社會這個結構多少有些鬆動了，但「尊卑」與「權力關係」的緊密結合，仍在多數人心中難以動搖，因此常有把「尊敬」當作「服從」，視「依賴」為「從屬」的混淆情況。

都什麼時代了，父母輩都自由戀愛了，讓尊卑關係回到正常的互動，讓愛與敬意有來有往，回到以禮相待吧！

董仲舒《春秋繁露》

故曰：陽天之德，陰天之刑也。陽氣暖而陰氣寒，陽氣予而陰氣奪，陽氣仁而陰氣戾，陽氣寬而陰氣急，陽氣愛而陰氣惡，陽氣生而陰氣殺。是故陽常居實位而行於盛，陰常居空位而行於末。

丈夫雖賤皆為陽，婦人雖貴皆為陰。陰之中亦相為陰，陽之中亦相為陽。諸在上者皆為其下陽，諸在下者皆為其上陰。陰猶沉也。何名何有，皆并一於陽，昌力而辭功。

物莫無合，而合各有陰陽。陽兼於陰，陰兼於陽，夫兼於妻，妻兼於夫，父兼於子，子兼於父，君兼於臣，臣兼於君。君臣、父子、夫婦之義，皆取諸陰陽之道。君為陽，臣為陰；父為陽，子為陰；夫為陽，妻為陰。陰道無所獨行。其始也不得專起，其終也不得分功，有所兼之義。

陽之出也，常縣於前而任事；陰之出也，常縣於後而守空處。此見天之親陽而疏陰，任德而不任刑也。是故仁義制度之數，盡取之天。天為君而覆露之，地為臣而持載之；陽為夫而生之，陰為婦而助之；春為父而生之，夏為子而養之；秋為死而棺之，冬為痛而喪之。

沒有最好的老師，自己的愛情自己努力

學生來找我聊天，有時候是純閒聊，有時候是針對目前所遇到的狀況請我給予建議，少數時刻是詢問課業問題。另外每年總有一些，我稱之為「疑難雜症」的，各種情感問題，或情緒問題。

之所以被我稱為「疑難雜症」，是因為無論是情感或情緒，我常常幫不上忙，只能聽他們說，想辦法同理，給予短暫的支持。一來我並非心理相關專業的輔導老師，二來這些情感或情緒，往往都來自於另一個我無法介入、難以理解的生活面向，可能是某個我不認識的人，或某種我從未涉入過的狀態。

來找我聊心事的同學，事情講完了，我的「老師習氣」很難避免的想要給建議，然後我就會苦笑著說：

「老師也只有一個人生，所以永遠都只能給你那些我覺得有用，但可能很無聊的建議。如果你覺得心情沮喪，不如穿上運動服出門跑跑步，對我來說，沒什麼鬱悶是跑十公里不能解決的。……唉，我知道你不想跑步，但我覺得這招最有效，要不要試試看？五公里，不，三公里就好？不然騎腳踏車也可以，總之運動運動很棒的。」

通常講到這裡，師生倆會相對苦笑。學生個性活潑的，還會對我開玩笑的說：

「老師你這樣很像邪教的傳教士，要不要邊跑步邊唱公主公主？」

「那是飆速宅男！是自行車！」

有很多事情可以按照步驟來重現某個流程與結果，如科學實驗。有趣的是，所有人應該多少都知道，戀愛是不能按照教科書的步驟來進行的，然而徬徨無助時，不知所措時，就會希望有人可以給予一個「標準作業流程」。但是正因為沒有這種東西，沒有統一且有用的作法，所以書店裡、網路各平臺裡，會有不勝枚舉的各種戀愛教學，想要提供你一些建議。是的，包含你正在看的這本書。

大家說的都是對的，只是也都未必適合你。這本書引述的這麼多古人思想，我說了那麼多故事，也不過就是其中一種「值得參考」的意見。

我一直覺得孔子的思想真是太好了，綱舉目張，親切可行，但孔子也不總是對的。他也說過「唯女子與小人為難養也」，這樣的話。孔子的意思是女子與地位卑賤的奴僕很難伺候，太親近他們，他們就言行不遜，沒有禮貌；太過疏遠他們，他們又會抱怨連連。雖然我認為那句話中的「女子」與「小人」各自有針對的對象，不是泛指所有女人與地位卑賤之人。但無論如何，既然說出這句話，便很難說孔子心中對女子沒有歧視。

孟子呢？我上課最喜歡開孟子的玩笑了。任何人看到孟子說：「予豈好辯哉？予不得已也。」都會忍不住想回他：你就是愛辯吧！講那麼多！我若說：「予豈好把你當掉哉？予不得已也！」你看到我講這一句，後面應該不管說了什麼你不及格的理由，都先覺得不爽吧？

奉勸天下情侶，談戀愛千萬別說這句話。該閉嘴就閉嘴，該談情就談情。該就事論事時，別先來一句：「我不是愛跟你辯，我是……」真的，會有反效果的。

孟子另一個課堂上常常被我拿出來檢討的，是「良知良能」說法的例證。孟子說孩童天生就「愛其親」，這是一種天性，所謂「良知良能」，不用教就會。這當然沒問題，「愛其親」與「惻隱之心」一樣，凡是人，都一定感受過，確實是「性善」的有力證據。但偏偏孟子又說：「等他們長大一些了，沒有不知道要尊敬兄長的。」身為兩個孩子的爸爸，每回講到這句我一定要猛烈的批評孟子，他肯定沒有親自帶過孩子（都說要易子而教了）。這世界凡是手足，無有不爭搶玩具的吧？這世界凡是兒童，沒有不想搶別人手上的玩具的吧？孟子這話，走進任何一個家庭裡都會啪啪啪的被打臉啊！

各位讀者如有孩子，你一定懂。如果沒有孩子，假日去較多孩子出沒的地方，如公園，你也會懂的。如果你談戀愛來到了想要有孩子的階段，提前懂一下最好。千萬別信孟子說「及其長也，無不知敬其兄也」這種鬼話。

荀子反覆強調學習，不止從書本上學習，更從具體的禮學習，從人與人互動中學習。要讓我說，荀子本人雖然沒教談戀愛，但若要開課，他是不二人選。雖然如此，荀子也是有令人討厭的地方的，因為荀子就是那種堅定不移的相信：「只要持續努力，一步一步累積，你就一定會成功，就一定會變成大人物！」的老師。

荀子說：「今天叫任何一個路人來認真學習，專心一志，思考分析，時間久了，持續累積也不停止，那就能來到神明的境界，與天地並列。所謂聖人，就是人不斷累積而來的。」

這樣有什麼問題嗎？首先年紀稍大的人大概都能明白，努力當然會有成果，但努力未必一定達到「最頂尖的成果」。比方說你喜歡打籃球，你若非常非常認真的鍛鍊，大概三、五年後可以打得很不錯，去公園、橋下的籃球場可以稱霸一方，甚至有機會去挑戰職業聯盟。但如果你是想要打進NBA，甚至成為LeBron James，那可能不是你拚了命的努力就能達到的境界，不但需要驚人的天賦，還需要一些無法捉摸的機緣。

任何領域都是一樣的，知識、運動、音樂，甚至是創意，只要努力，都可以讓你變得很「不錯」。但你想要躋升最厲害的那一群，努力是必要的，但只有努力是不夠的。

其次，這種方式尤其不適合拿來「談戀愛」。人家不喜歡就是不喜歡，是時候該分手了，就該放手讓彼此都好過。同樣的，努力是必要的，但只有努力是不夠的，到了一定程度，會變成糾纏與心結。不但對方會感到困擾，你也會因為努力無法獲得回報而痛苦。

這時候如果你還去請教荀子老師，他會告訴你：你累積的還不夠，來，把這些先聖先賢的書通通仔細讀完。荀子也只有一個人生，大概因為這樣，所以永遠都是建議「努力學習」。他或許會說：沒有什麼是讀書學習不能解決的，如果有，那一定是讀得不夠。（是不是覺得「邊跑步邊唱公主公主」和藹可親多了？）

其實儒家都有類似的特質，孟子沒那麼極端，但也是強調不斷的去「思考」與「擴充」性中的善，是另一種由內而外的「努力」。相形之下，道家比較懂得放下，別那麼執著，自然就好。

老子的學問也有不適合的部分。老子的主要觀念就是「無為」、「自然」，讓自我與宇宙的一切都能回到「道」的狀態。然而老子對話的對象主要是當時的「侯王」，那時代還沒有那麼多周遊列國的遊士，君王們也沒有那麼重視聆聽賢才的意見，為了讓這些高高在上的貴族願意聽他說話，老子提出的很多作法多少都有一些權謀的意味。如：「聖人後其身而身先；外其身而身存。非以其無私耶？故能成其私。」

從整部老子《道德經》來看，老子的目的是希望大家都「後其身」，也就是不要老是「爭先恐後」；希望大家都「外其身」，也就是不要只想到保護自己；希望大家都無私，不要只想到自己。為了吸引貴族們，老子說不爭先恐後的，最後反而能走在最前面，無私的，最後反而成就了自己。

你也不能說老子講得不對，但結果就是大家並沒有真正的無私。相反的，無私變成一種手段，是一種為了達成自私的目的所做出來的表演，那就變成權謀，變成一種不真誠的詐術了。

那些教你談戀愛要欲擒故縱，要耍心機，要透過各種表演來博取關注的，不能說完全沒有用，但就算你「追到手」了，那些手段對於愛情的長久經營，真的一點用都沒有，負面的影響可能還大一些。

莊子呢？如果說荀子是太過積極努力，顯得太過執著；莊子則正好相反，他極力強調不要執著，不要用情緒起伏來傷害自己的心。在某些文字裡，莊子甚至會說，不要有愛與惡的分別，「道」之所以減損了，就是因為「愛」出現了，人不要用喜歡與厭惡之「情」來傷害自己，做到「無情」。

道家認為，凡是有取捨，都會偏離大道，有「愛」就有「不愛」。有了愛與不愛的分別，「道」固然減損了，但對莊子來說，這也是一種「自然」。愛是一種自然，不愛也是一種自然，只要不執著於愛或不愛，那都能過得更自在。

只是戀愛中的人，真的有可能完全不執著嗎？或者說，應該真的不執著嗎？

一個安定、平穩，隨時保持閒適且從容的人，當然會受到歡迎。但對情人來說，尤其是熱戀期，卻顯得太過平淡。談戀愛就是會在乎對方所在乎的，會執著於對方所執著的，會希望對方更熱情一些，對自己的各方面更執著一點，好惡更明顯一點。

談戀愛請莊子當老師，那太好了，會少很多焦慮與痛苦。但莊子的境界太老成，太平淡了，某種程度上，或許更適合已經轟轟烈烈的愛過，哭過，等待「攖而後成」的人。

莊子適合你嗎？我不知道。諸如孔、孟、荀、老等古代哲人，乃至於包含當代的、外國的、你身邊的，所有的老師們，再加上這本書所講的內容，都「僅供參考」。如果你想談戀愛，或你正在談戀愛，或你失戀了正在療傷，這些知識與學問適不適合你，只有你自己知道。

每個人都是特別的，讓你困擾的那個人，也是特別的，所以你的遭遇，父母沒遇過，老師沒教過，書本沒寫過。現在困擾你的，會變成你的特殊經驗，成就之後獨一無二的你。

愛情更是如此。有很多原則可以依循，但也有太多例外必須去摸索。茫茫人海中，獨一無二的你，遇上了獨一無二的另一個人，愛上了，交往了，分開了。每個環節，都只能自己去認識，去經驗。

《論語》

子曰：「唯女子與小人為難養也，近之則不孫，遠之則怨。」

《孟子》

孟子曰：「人之所不學而能者，其良能也；所不慮而知者，其良知也。孩提之童，無不知愛其親者；及其長也，無不知敬其兄也。親親，仁也；敬長，義也。無他，達之天下也。」

《荀子》

今使塗之人伏術為學，專心一志，思索孰察，加日縣久，積善而不息，則通於神明，參於天地矣。故聖人者，人之所積而致矣。

《老子》

道常無為而無不為。侯王若能守之，萬物將自化。

是以聖人後其身而身先；外其身而身存。非以其無私耶？故能成其私。

《莊子》

是非之彰也，道之所以虧也。道之所以虧，愛之所以成。

惠子謂莊子曰：「人故無情乎？」莊子曰：「然。」惠子曰：「人而無情，何以謂之人？」莊子曰：「道與之貌，天與之形，惡得不謂之人？」惠子曰：「既謂之人，惡得無情？」莊子曰：「是非吾所謂情也。吾所謂無情者，言人之不以好惡內傷其身，常因自然而不益生也。」

無名人曰：「汝遊心於淡，合氣於漠，順物自然而無容私焉，而天下治矣。」

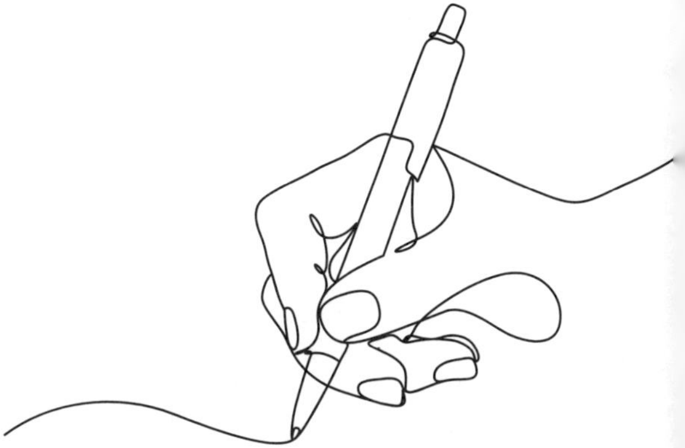

課程總複習

愛究竟是什麼?

「望盡天涯路」：你出發了嗎？

每年的開學季，十八、九歲的青春學子紛紛入學，當中有少許人高中便談起了戀愛，但多數同學仍在期待自己的初戀。我的課程多半是思想義理類，會關注人際關係與心靈健康；此外也有一些創作類型的課程，則期待學生有更多的生活體驗。

不論是哪一種課程，我都很喜歡問他們：

「有談過戀愛了嗎？」

少有人正面回應我，但大部分的同學都會露出害羞卻又嚮往的神情。

我多半會在開學的前幾堂課，對大一的學生這樣說：

「不論你是否已經談戀愛，來到大學階段，有幾個事情是這個時期你們應該去做的。

第一個是找到重要的『目標』，簡單說就是你希望十年、二十年之後的自己想要過什麼樣的生活？從前的你們都聽父母的，都聽老師的，從現在開始，你要聽自己的，你要為你所嚮往的生活奮鬥。

另一個是拓展不同的人際關係，中學以前，你們的人際互動很狹小，大概就是家裡跟學校會遇到的人。大學以後，你們要面對的是整個世界，所以要懂得去跟不同的人，用不同的方式相處。去參加社團，去體驗職場，去理解這個世界組成與運作的樣貌。當然，也包含了去談戀愛。

最後一個，是感受失去。前面兩個，不外乎擬定目標，思考並收集方法，然後努力去實踐。但一定會遇到經驗不足，思慮不周，準備不夠的情況，或是明明已經盡了最大的努力，做了所有能力範圍可以做到的事，卻無法達到你要的結果。這種事情，你們可能以前有遭遇過，也可能沒有。然而從現在開始，你們所遭遇的挑戰與失落感會比從前更大，如果你心態正確的經歷過一些大事件，常常會覺得從前的那些經歷都是小事，根本不算什麼。

如果你還不知道自己該做什麼，那就去談戀愛。一邊維持課業，保持原有的人際關係，一邊合情合理的去嘗試開展愛情。如果你順利跟戀人開始交往了，一定會排擠你某些生活的面向。來，看看你左邊的同學，你們可能會要好個幾個月，然後你談戀愛就不想理他了。

如果你的戀情不順利，唉！感受失去的時候到了。」

有些學生很可愛，會私底下跑來跟我說：「哪有人還沒開始戀愛就要『感受失戀』的，也太慘了吧！」

我說：「誰說『感受失去』一定會失戀的？談戀愛會吵架，吵完架可以和好啊！就算沒吵架，你也可能因為他親妹妹來學校找他玩耍，然後誤會他劈腿出軌啊！」

講到人生不同階段，歷來有許多有趣的譬喻，但最廣為人知的，應該是大學者王國維在《人間詞話》中所講的：古今之成大事業、大學問者，必經過三種之境界：

「昨夜西風凋碧樹。獨上高樓，望盡天涯路。」此第一境也。

「衣帶漸寬終不悔，為伊消得人憔悴。」此第二境也。

「眾裡尋他千百度，回頭驀見，那人卻在燈火闌珊處。」此第三境也。

王國維說的是成就「大事業、大學問」的三個階段，但有意思的是，這三闋詞卻都與愛情有關。是否談好一場戀愛，是否也是成就大事業、大學問的養分？

說是戀愛課，其實也是人生課，應該說，人類便是如此，在任何領域都可能會經歷類似的過程，也就是嚮往、追尋、回歸。

大家都喜歡關注那些功成名就的人，有時候看現實生活中的厲害人物還不夠，還要在文學創作中虛構一些英雄人物出來。為什麼？因為人們希望自己也能做到。不論是張忠謀、戴資穎還是廖添丁，人們關注這些人的同時也嚮往著成為他們。同樣的，情竇初開的時候，看著電視裡、小說中的人談戀愛，也會覺得嚮往。

因為嚮往，所以「獨上高樓，望盡天涯路」，期待著那位如意郎君、窈窕淑女能出現在面前。那就是第一境界，懵懵懂懂，不知從何開始。甚至心儀的人就站在你面前，你卻不知道該說什麼，該做什麼，他的每句話都讓你反覆咀嚼，每個動作都讓你想入非非。

嚮往是無止境的。當你感到心猿意馬，不斷的把心力放在自己無法掌握的事情上時，便必須想辦法回到自己身上，重新開始思索：

這樣的我是個什麼狀態？我為什麼感到嚮往？我該如何踏出第一步？為了踏出那一步，當下的我可以做些什麼，來讓我不只是「望盡天涯路」，還擁有踏上旅程的自我？

「愛」是一種人性中本有的利他本質，是善良的良知良能。然而「愛」不能只向外看，更要向內看，要先有真誠且充實的自己，並進一步去推己及人，去認真的理解別人，才能做出真正對於對方有正面意義的舉措，才能真正的擁有愛人的能力，從「嚮往」踏上「追尋」之路。

同樣的原則自然也必須貫徹在愛情的「追尋」之路上。不能拚命的只看外面，只看著嚮往的東西，付出自己的一切，乃至於「為伊消得人憔悴」，那是不健康的。「追求戀人」不如「追求愛情」，在追求的過程中，也同時讓自己成長，讓自己變成一個更好的人，更勇敢的人。

所有的人際關係都應該抱持著「以禮相待」的原則。身邊有了親密愛人，與情人相處也不能忘記「禮」，用雙方都感到愉快、自在的方式去互動。此外，更要把對待不同人的界線拉出來，用戀人的方式對待戀人，用朋友的方式對待朋友，不要輕易的越線。努力保持理智，讓「心」永遠掌握著「欲」，如此一來欲望就不是壞事，反而是生活的重要組成。

談戀愛可以是一時的，也可以是一輩子的，看你如何追尋，如何經營，可能多少需要一些緣分，但努力肯定是必要的。做好你能做的，打理好自己，拓展人際關係，找到目標，即使沒有愛情，你的人生也是十分充實而精彩的。

不用衣帶漸寬，也不用為伊憔悴，能夠找到一件讓你「終不悔」的事，其實人生也就沒有白過了。

「燈火闌珊處」：你回頭了嗎？

當了老師好多年之後，有一年知名的作詞人何厚華老師在學校開了一學期的填詞課，我非常認真的跑去跟同學們一起上課。何老師是個溫暖又有智慧的人，他第一堂課就問大家：

「有談過戀愛嗎？」

我想，這不是跟我的開場白一樣嗎？心中還在暗自竊喜。何老師走下講臺，一個一個問學生，問到有談過戀愛的，立刻又接著問：

「那你有失戀過嗎？」

同學有各種反應，一下子便熱絡了起來。有些人開啟了初戀，還在進行當中，自然沒失戀過。有些人剛剛分手，或分手有一陣子了，仍處於失戀狀態。也有人說他一直到大四都還沒談過戀愛，直說老師的問題對母胎單身至今的人來說，殺傷力好強。又有些人舉手說，他雖然沒談過戀愛，倒是失戀過幾次，他暗戀的人最後都跟別人在一起了。

聽到有人失戀，何老師卻笑瞇瞇的說：「太好了，失戀了正好來寫歌。失戀一次，至少要寫十首歌才夠本，不然豈不是白白傷心？」

我從沒說過「太好了」，但這樣安慰失戀的人似乎也是一種辦法。顯然我除了一千零一招的「沒什麼是跑五公里不能解決的」之外，還可以鼓勵學生創作。

人生中的挫折有很多類型，多數的挫折或來自能力的不足，或來自外在環境的限制，而失戀卻是直擊內心。能力不足可以培養，外在環境的限制更不是自己的錯，失戀了當然也可以怪能力不足或條件限制，怪自己賺錢不夠買名車，怪身高不夠高，怪天生的族群不符對方的擇偶標準。

但失戀時，我們卻會比面對其他挫折時問更多這樣的問題：我是不是不夠愛他？我是不是愛的方法錯誤了？

身體不夠強，我們知道怎麼鍛鍊；能力不夠好，我們知道去哪裡學習；但失戀因為更多牽涉到「心」。「傷心」時，我們要去哪裡找回「心」？如何讓「心」變好、變強？

只關注特定某個人，超出了自己身心的能力範圍，卻無法獲得同樣程度的正向回饋，只好持續的付出，持續的把心力交出去，那麼自然會變成「衣帶漸寬終不悔，為伊消得人憔悴」。真的「終不悔」也就罷了，如孔子那樣「知其不可而為之」，只要不要變成跟蹤、騷擾，那麼無止境的付出或許也能獲得某種心靈的平靜。怕的就是做不到那境界，想接著付出感到不甘心，想放手又捨不得，徒然身心憔悴，精神勞頓。

創作是個找回自己的方法之一。當你投入任何型式的創作時，便不得不將心力收回自身。梳理心情，回溯始末，然後安排曲折，擬定形式，建立架構。接著將那些整理過的東西從心裡輸出，或譜寫，或演奏，或雕塑，或舞動。在這個過程中，你將不得不中斷那個痛苦到不能自已的傷心，從而回來關注自我，發現自我，同時還能找到一個好的情緒出口。

創作本身就是一種療癒手段，即便你創作的作品只有你自己一個讀者，也具有十足的療癒效果。此外，創作更是一種累積之後會成長的技能。累積了作品，成果便會變好，有了好的作品，一方面可以更平靜的看待自己，另一方面也可以將注意力由「失戀」移轉到作品的評價上，再從作品的評價回歸到下一次創作。

無論如何，失戀的第一件事，就是停止「眾裡尋他千百度」了，該回頭看看自己的心，看看自己周遭的人。然後告訴自己：我依然是我，我不會因為失戀而殘缺，也不會因為失戀而變成另一個人，我只是恢復成原本的狀態而已。既然我就是我，那就應該接受所有的我，單純的我，戀愛的我，以及失戀的我。

談戀愛會為你的生活帶來不小程度的改變，但你還是你，沒談戀愛你也會接受各種程度不一的改變。失戀了，你可以認為是巨大的生活衝擊，但其實也不過就是失去了戀人的「名」而已，你並沒有失去你自己。

把自己的生活照顧好，是失戀療傷最重要的事情。

但是，想要好好過生活，卻無法停止傷心怎麼辦？可以透過收束心神的工夫來轉移注意力，莊子稱之為「心齋」。工夫做到一定程度，摒除雜念，忘掉執著，可以抵達「坐忘」的境界，彷彿連自我都不見了，只剩下你正在專注的事物。這種境界也可以透過技藝的鍛鍊來獲得，視程度可以稱之為「心流」與「神馳」，任何經過反覆練習便會獲得一定程度收穫的技藝，如跑步運動或靜坐冥想，都可以幫助你進入這種狀態。創作也是一種技藝，不但兼有身、心兩方面的鍛鍊，同時還留下了具體可見的成果。

心齋的工夫可以讓你獲得平靜，更可以讓你重新思考自我與外在的關係。這世界本來就不圓滿，受傷害是難免的，因此無論如何，都應該好好的對待自己。在風暴後若能重新回到平靜，你便能有所成長，甚至能在下次風暴中也保持平靜，從容舒適的接著走，來到「攖寧」的地步。

到此階段，不妨回頭再想一次，「幸福」應該是什麼？我們應該把自己的快樂建立在某種條件的滿足上嗎？還是我們能夠不等待什麼，只要自己願意，隨時都能感到幸福呢？

王國維的第三境說：「眾裡尋他千百度，回頭驀見，那人卻在燈火闌珊處。」第二句辛棄疾原詞作「驀然回首」，意思是一樣的。其實人生未必要成就大事業、大學問，才能抵達第三境。人人都有自己的風波與苦難，所有能挺過風波與苦難的，「攖寧」之後能夠「無待逍遙」的，一定能在身邊發現各種美好事物。不再需要「望盡天涯路」，也不再需要「消得人憔悴」，因為不論何時何地，只要回頭看看自己，至少有平靜的心能讓你滿足。

談戀愛首先要有美好的自己，在「燈火闌珊處」等著你的，是你用美好心境所看見的人。

就算始終沒人，也是值得你休息、觀望、回頭的地方，你自己永遠可以是等在燈火闌珊處的「那人」。

後　記——關於這本書

二〇一七年的暑假尾聲，我正開始準備新學年的課程，於是在社群媒體上貼文：

「應該來認真的思考，如何在中國思想史以及莊子、荀子等課程當中，有系統的引入這幾件事：如何談戀愛？失戀如何療傷？如何罵政府？挨罵如何處置？」

本來是半開玩笑的，卻引起了一些迴響。所以我認真的一邊備課，一邊在網路上連載〈荀子的戀愛課？〉這樣的文章，每篇文章還配上日劇的對話圖片。寫了三篇，認真覺得可以寫一系列，加上還有朋友敲碗，所以後來上課講課之餘，便認真的構思起來了。

二〇二一年，我上世新廣播電臺錄製節目，便使用「古人的戀愛課與先戀課」當題目，講了一個小時。之後將節目的講稿整理成了五篇文章，一樣透過社群媒體發表。

與此同時的，由於我任教中文系，這幾年三天兩頭會有人轉傳各種討厭儒家思想的言論給我。每回我都要不厭其煩的解釋：孔子的思想跟你們想得不一樣，而不同時代的儒者，闡釋出來的孔子也不太一樣。世界有不斷在變化的部分，比如說科技，比如說文化；也有永遠不變的部分，比如說人性，比如說愛。

與人討論多了，寫這本書的想法就更具體了：我想用看似最古老的，最八股的先秦諸子思想，來講最現代，最接近生活的戀愛話題。

二〇二二年，在終於完成了某個學術階段任務之後，便開始了這本書的寫作。題目是講戀愛，但實際上講的是各種感情，各種人際關係。將那些治國平天下的道理，縮小到兩人世界裡。

這麼做多少會有一些疑慮。其中一個疑慮，是古人沒說的話，我要從文本裡超譯出來。我要不斷的在「古代思想」與「現代愛情」二者之間抓一個平衡，因為唯有如此，那些古人的思想才有機會重獲新生。

另外還有一個疑慮，是我在書裡幾乎沒處理的，屬於我們這時代的課題，也就是在網際網路與虛擬世界之中，該如何形成良好的互動秩序？

十幾年前我讀書時，便一直想著「時代」與「禮儀」同步變遷的問題。孟子說「五百年必有王者興」、「舍我其誰」，某種程度上也是這個問題的回應。簡單說就是「禮壞樂崩」了怎麼辦？身為知識人，本來就有責任要去思考，去處理這樣的問題。現代社會也有一套人際互動的「禮」，雖然鬆散的多，自由的多，但這種鬆散與自由也是一種「禮」，管太多反而顯得「無禮」。但這套「禮」僅止於「真實世界」，在網路上，我們好像始終無法完成一個兼顧自由與理性的秩序。一轉眼四十年過去了，毫無節制的攻擊言論與霸凌卻越演越烈，近年來還多了具有組織的，有目的性的輿論操作。

在網路上，我們彷彿置身野生叢林。如果不想拋棄文明化身野獸，要不躲在同溫層互相取暖，要不就培養堅韌的心智，對各種「無禮」的資訊一笑置之。

世界本來就亂糟糟的，整個網路都是一個巨大的「羿之彀」。在這個中央靶心裡，卻也是年輕朋友展開人際關係的重要場域。他們在這裡面尋找認同，結交網友，共同娛樂，談著具名或匿名的戀愛，用語言與文字交換著情感，交換著網公與網婆的名分。

他們會受傷，也會復原，某種程度上，可能比上一代人的心志更能承受傷害。

如果真實世界與網路世界可以區分，那至少能以真實世界為基礎，能形成一套更鬆散，更奇特的「禮」。但就在二〇二三年，生成式AI正式降臨了，預告著不遠的未來，也許就在幾個月後，我們將再也分不清傳來的那些資訊，是人類還是機械。

半虛擬、半真實的愛情幾乎是一定可以預料到的情況。這跟偶像、遊戲那種制式化的，讓你誤會「他喜歡我」的訊息不一樣。AI早就可以量身打造一位專屬於你的「助理」了，但虛擬助理無須情感介入，只需要各種資訊的綜合與提示。現在有沒有可能，AI能進一步打造出虛擬的「好友」或「戀人」，它完全瞭解你的一切，提供你最想看到的表情，最想聽到的聲音，最需要也最即時的安慰或勸誡？

重點是，你可以無須分辨真偽。你只需要知道屬於你這半邊的情感是真的就好了，至於那半邊是虛擬的還是真實的，可能不重要，也無法區別了。從前我一直認為永遠不變的部分，在時代與科技的挑戰下，多少開始鬆動：

人際關係一定是「人與人」嗎？

如果你可以從機械設備（手機、網路或其他）那裡得到所有人類應有的情感出口，當你更習慣也更擅長跟AI互動之後，跟真實的人類互動會不會顯得太過麻煩？「假作真時真亦假，無為有處有還無」，我仍然相信「人性」與「愛」是不變的，但會變成什麼樣子呢？

通訊的進化，改變了古老的「禮」。如遵守信約的觀念，已經被極其方便的手機即時通訊徹底改造。時代的浪潮未必是毒蛇猛獸，那時數百年一遇的「周文疲弊」，引起了多少哲人的憂心忡忡，但以思想的蓬勃發展來看，稱戰國時代為黃金時代也不為過。如今科技改造社會，網際網路、行動上網、數位轉型，一個又一個浪潮拍過來，前後不過也才三十多年而已。再加上一個人工智慧創造的虛擬情感，似乎也無須大驚小怪？

只是，在這樣的宇宙／元宇宙裡，我們如何形成具有一定程度普遍性，具有共識的「禮」呢？我們如何面對「人與人」、「人與機」的三方互動，從而積極的參與社會，好好的安頓自己呢？

理性而樂觀的荀子說，有「物之罕至者也，怪之，可也，而畏之，非也」。要對人有信心，要去掌握他，治理他。我不悲觀，但也很難像荀子那樣樂觀。從未有過的「倚物怪變」已然出現，而且接連不斷的抵達，與其抗拒未來，緬懷過去，我更期待現代人可以「舉統類而應之」。

然後這些古人們，屆時還可以出來上課。

書的最後，補充說明一下引文的問題。

為了避免影響不諳古文的人閱讀，正文裡我幾乎將所有的古文都改寫成淺近的白話文了。但同樣為了讓想知道出處的人按圖索驥，這本書除了開頭與結尾的幾篇，每篇都附上了節錄過的古籍原文。

原本想為原典加上簡單的注解，但幾經考量，仍然決定放棄這麼做。一來是要節省篇幅，作為一個學者，我沒有把握可以作好「簡單的注解」，一不小心就會延伸為長篇大論。二來是現在查閱各種原典資訊非常方便，如朱熹的《四書章句集注》，網路上唾手可得，更多詳盡的解說亦所在多有。

當然網路上有不少錯誤的或糟糕的解釋，但那不是這本書能夠解決的。我只能期待各位英明的讀者，如果喜歡古文的話，不妨離開搜尋引擎，去圖書館好好的翻揀一下古籍原典中的注解。

或者來念我們中文系，千年傳統，全新感受喔！

這本書的完成要感謝三民書局的支持，才能有完成並問世的機會。還要感謝曾經教導我的所有恩師們，尤其是為這本書賜序的廖玉蕙老師，以及當年教我中國思想史的劉文起老師，帶我認識這些可愛又有智慧的古人們。也感謝提供這麼多的素材讓我改造的朋友與學生們，如果覺得故事很眼熟，請你們務必不要對號入座。部分故事提到了一些公眾人物，希望你們喜歡這本書，也希望你們不介意被我寫進去。

最後要特別感謝我太太，完成了我的愛情觀，更在生活的各方面支持我完成了這本書。他是這本書的靈魂，做到了所有書籍與古人都無法告訴我的事。

二〇二三年七月三十一日

完稿於桃園家中

京都一年

林文月　著

本書收錄了作者一九七〇年遊學日本京都十月間所創作的散文作品。由於作者深諳日本語言、文化，長時居留，故能深入古都的多種層面，以細微的觀察，娓娓敘述，呈現了她個人對於京都的體會。於是京都近郊的亭臺樓閣、古剎名園；京都的節令行事、民情風俗，有如一幅白描長卷，一一展現眼前。書中各篇雖早已寫就，於今讀來，那些異國情調所帶來的感動，不僅未曾稍減，反而愈見深沈。

校園裡的椰子樹

鄭清文　著

鄭清文的作品，善於描繪一般民眾的日常生活，對人、對事都採取他一貫「簡單」描述卻「豐富」呈現的特殊風格。無論是丈夫被同袍分食的年輕孀妻，中年失業的一家之主，親人自相殘殺的孤獨女子，身體殘障的大學女講師……，這些看似悲劇色彩濃厚的人物，在作者筆下，總能在沉重的身心煎熬之後，雲破天開，找回自己的尊嚴與定位。就如彭瑞金對他的評論：「不以花，不以果誘人，不存心引人注目，總挺立的大王椰子。」其人、其文皆足當此稱。

再見！秋水！

畢璞　著

本書收錄十一篇短篇小說，述說著男女之間曖昧而深刻的故事。其中如〈穿黃衣的女孩〉流露出對逝去青春的感嘆與體會、〈漢斯與我〉呈現中西文化間的不同與交融、〈無塵的鏡子〉與〈泥淖〉二篇感悟與枕邊人相守的珍貴、〈那快樂的一對〉思辨何為真正的幸福、〈再見！秋水！〉勾勒一位年輕男子微妙而青澀的情感變化，以及〈冷冷的月暖暖的燈〉訴說著男子的深情、選擇與放下。

那飄去的雲

張秀亞 著

本書收錄十六則小說，捕捉縹緲的情愛絮語，或憂或喜，都在頃刻流洩的一念之間；描寫稚子翻騰而真摯的小小願想，晶瑩動人。張氏的小說融合了中國抒情傳統與西方現代主義風格，對細節的捕捉、幽微氛圍的營造極其敏銳，從她的筆端真誠不矯的映射出「每個人心中被愛情五味酒浸透的歲月」是如何「掙扎著站了起來，跨出了夢境的門檻」……

北窗下

張秀亞 著

一扇向北的小窗，為心靈繫上想像的翅翼，一泓曲澗、一枚小石、一片綠影，醞釀成一篇篇的飄逸情思。張秀亞女士在窗內捕捉璀璨的意象，於窗外尋繹人生的啟示。她的文字，有掇拾記憶與自然的喟嘆、洞徹人性及真理的光輝，洋溢著動人的芬芳。她用深富哲思的文筆，樹立抒情美文的典範。

我與文學

張秀亞 著

「美文大師」張秀亞女士以美善的心靈、細膩的情思、優美的文字寫成這本書。它將開啟你的心靈，讓你以新的眼光來看待身邊的一切，發現日常的美麗輪廓。我有一個時期，曾企圖自室內走到戶外，如今，我才發現在戶外停留得太久了，我要回到屋簷下，回到心靈的內室裡來，諦聽他人以及自己靈魂的微語——那才是人類真正的聲音。

國家圖書館出版品預行編目資料

先秦諸子戀愛大師班／白品鍵著.——初版一刷.——
臺北市：三民，2024
面；　公分.——（Culture）

ISBN 978-957-14-7758-9（平裝）
1.中國哲學 2.戀愛 3.兩性關係

121　　113000570

先秦諸子戀愛大師班

作　　者｜白品鍵
責任編輯｜簡敬容
封面設計｜Quinn Wu

創 辦 人｜劉振強
發 行 人｜劉仲傑
出 版 者｜三民書局股份有限公司（成立於 1953 年）

三民網路書店
https://www.sanmin.com.tw

地　　址｜臺北市復興北路 386 號　（復北門市）　(02)2500-6600
臺北市重慶南路一段 61 號（重南門市）　(02)2361-7511

出版日期｜初版一刷 2024 年 2 月
書籍編號｜S821210
I S B N｜978-957-14-7758-9